HISTOIRE UNIVERSELLE.

TOME PREMIER.

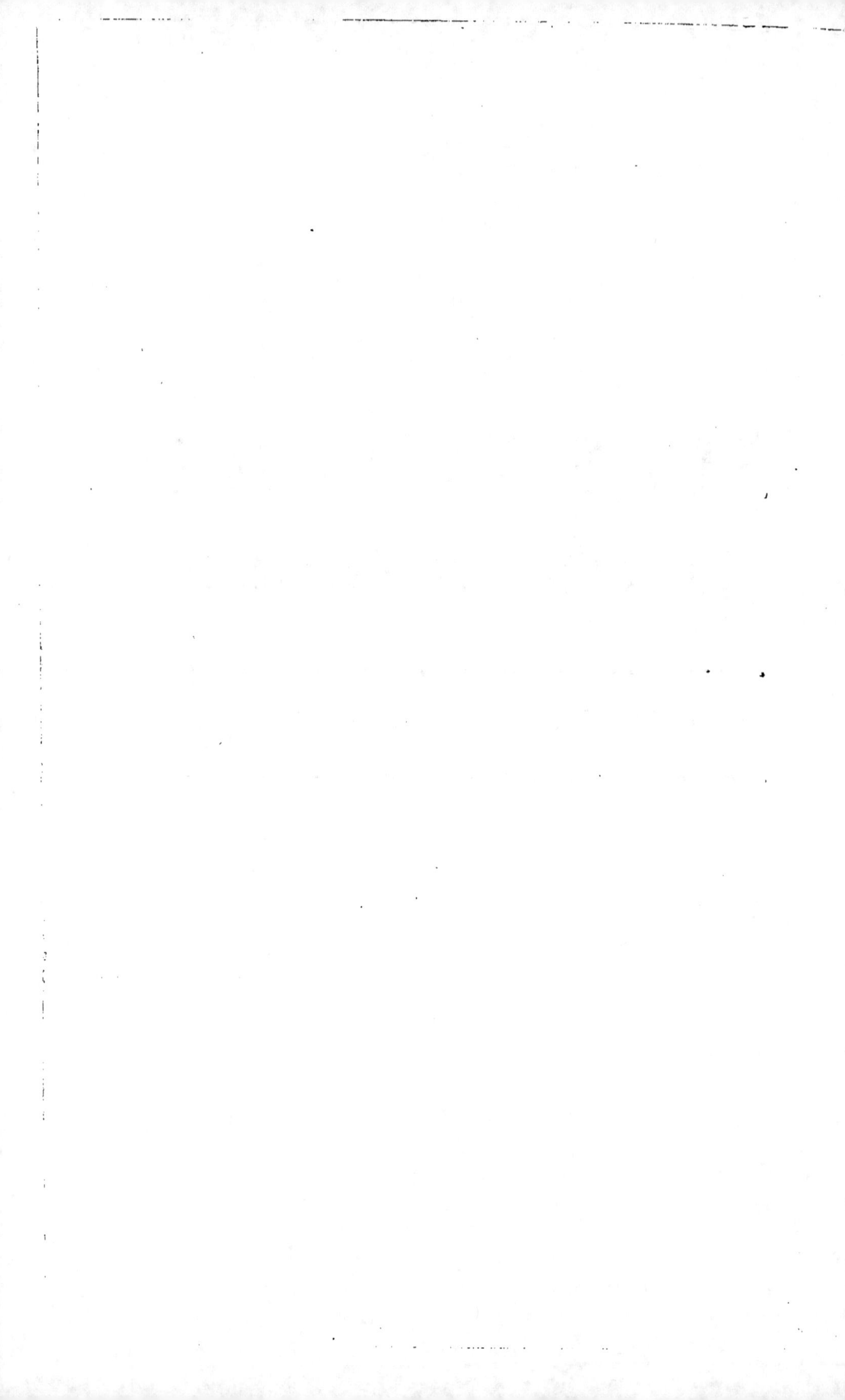

ABREGÉ

DE

L'HISTOIRE

UNIVERSELLE,

DEPUIS

CHARLEMAGNE,

JUSQUES A

CHARLEQUINT.

PAR

Mr. *de* VOLTAIRE.

TOME PREMIER.

A LONDRES,

Chez JEAN NOURSE,

MDCCLIII.

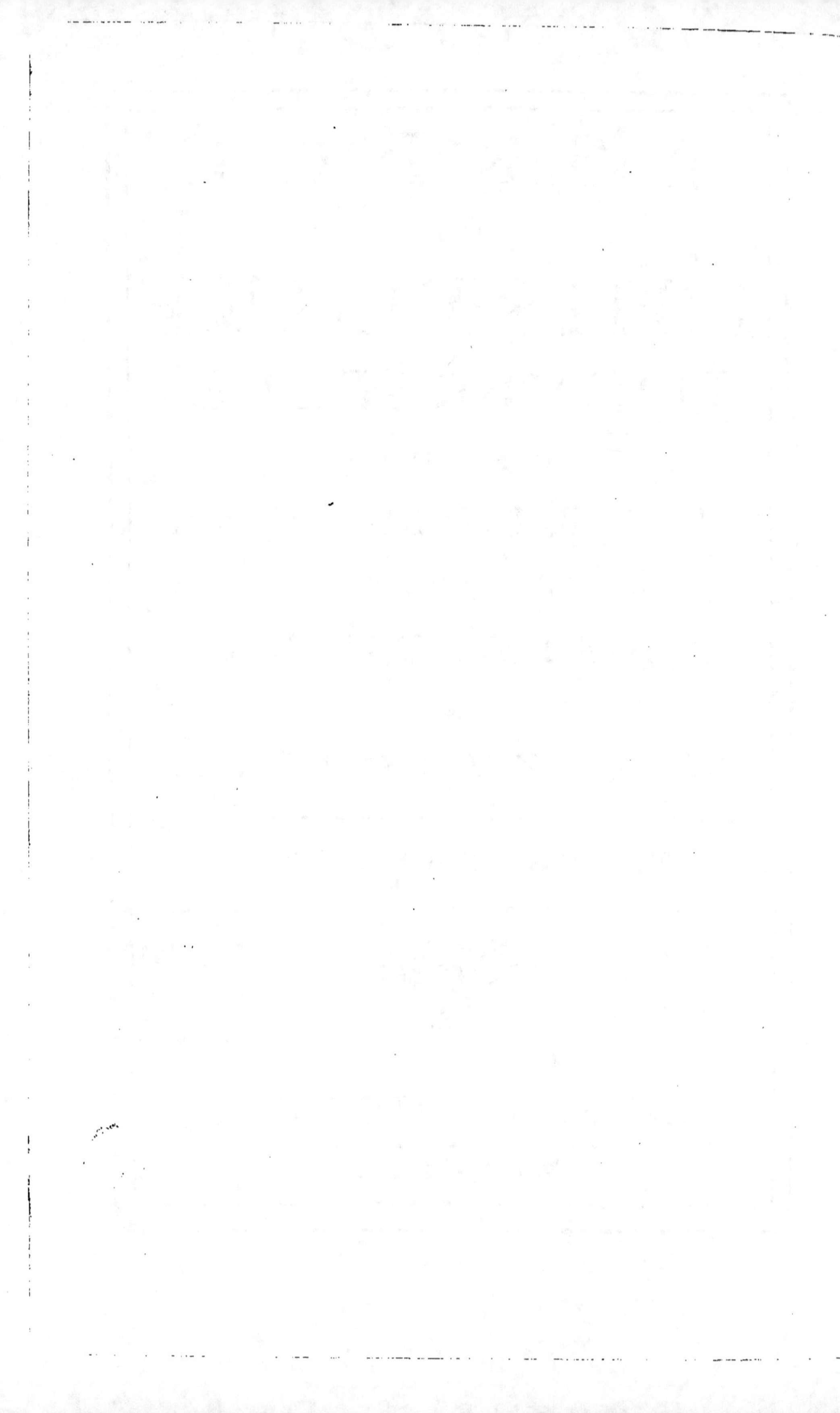

TABLE

Des Articles contenus dans cet Ouvrage.

TOME I.

* 3   De

TA-

TABLE

Des Articles contenus dans cet Ouvrage.

TOME II.

Du.

INTRODUCTION.

Lusieurs Esprits infatigables ayant débrouillé autant qu'on le peut, le cahos de l'Antiquité, & quelques Génies éloquens ayant écrit l'Histoire Universelle jusqu'à Charlemagne, j'ai regretté qu'ils n'ayent pas fourni une carriére plus longue. J'ai voulu pour m'instruire de ce qu'ils ne disent pas, mettre sous mes yeux un précis de l'Histoire, laquelle nous intéresse, à mesure qu'elle devient plus moderne.

Ma

Ma principale idée eſt de connoître autant que je pourrai , les mœurs des Peuples , & d'étudier l'Eſprit humain. Je regarderai l'ordre des Succeſſions des Rois & la Chronologie comme mes guides , mais non comme le but de mon travail. Ce travail feroit bien ingrat , ſi je me bornois à vouloir apprendre feulement en quelle année un Prince indigne d'être connu fuccéda à un Prince barbare.

Il femble en lifant les Hiſtoires, que la Terre n'ait été
fai-

faite que pour quelques Souverains, & pour ceux qui ont servi leurs passions ; tout le reste est négligé. Les Historiens, semblables en cela aux Rois, sacrifient le Genre-Humain à un seul homme. N'y a-t-il donc eu sur la Terre que des Princes ; & faut-il que presque tous les Inventeurs des Arts soient inconnus, tandis qu'on a des suites chronologiques de tant d'hommes qui n'ont fait aucun bien, ou qui ont fait beaucoup de mal ? Autant il faut connoître les

 gran-

grandes actions des Souverains qui ont changé la face de la Terre, & sur-tout de ceux qui ont rendu leurs Peuples meilleurs & plus heureux ; autant on doit ignorer le vulgaire des Rois , qui ne serviroit qu'à charger la mémoire.

Je me propose de diviser mon étude par Siécles ; mais je sens qu'en ne présentant à mon esprit que ce qui se fait précisément dans le Siécle que j'aurai sous les yeux , je serai obligé de trop partager mon attention , de séparer en

trop

trop de parties les idées fuivies que je veux me faire, d'abandonner la recherche d'une Nation, ou d'un Art, ou d'une Révolution, que pour ne la reprendre que long-tems après. Je remonterai donc quelquefois à la fource éloignée d'un Art, d'une Coutume importante, d'une Loi, d'une Révolution. J'anticiperai quelquefois, mais le moins que je pourrai, & en évitant, autant que ma foibleffe me le permettra, la confufion & la difperfion des idées. Je tâcherai de préfen-

senter à mon esprit une peintu-
re fidéle de ce qui mérite d'être
connu dans l'Univers.

Avant de considérer l'état
où étoit l'Europe vers le tems
de Charlemagne, & les débris
de l'Empire Romain, j'examine d'abord s'il n'y a rien qui
soit digne de mon attention
dans le reste de notre Hémisphére. Ce reste est douze fois
plus étendu que la Domination
Romaine, & m'apprend d'abord
que ces monumens des Em-
pereurs de Rome, chargés des
titres de Maîtres & de Restau-

ra-

rateurs de l'Univers , font des témoignages immortels de vanité & d'ignorance , non moins que de grandeur.

Frappés de l'éclat de cet Empire , de fes accroiffemens & de fa chute , nous avons dans la plupart de nos Hiftoires Univerfelles traité les autres hommes comme s'ils n'exiftoient pas. La Province de la Judée , la Gréce , les Romains fe font emparés de toute notre attention ; & quand le célébre Boffuet dit un mot des Mahométans , il n'en n'en parle que comme d'un déluge de Barbares. Cependant beaucoup de ces Nations possédoient des Arts utiles, que nous tenons d'elles : leurs Pays nous fournissoient des commodités & des choses précieuses, que la Nature nous a refusées ; & vêtus de leurs etoffes, nourris des productions de leurs terres , instruits par leurs inventions , amusés même par les jeux qui font le fruit de leur industrie , nous nous sommes fait avec trop d'injusti. ce une loi de les ignorer.

ABRE-

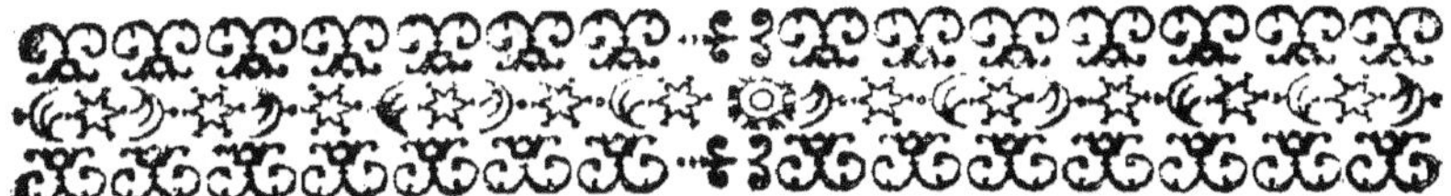

Procès-verbal.

Concernant un livre intitulé *Abregé de l'histoire universelle* attribué à Mr. DE VOLTAIRE. Chez Jean Néaulme libraire à la Haye & à Berlin 1753.

CE jour d'hui vingt-deux Février mil sept - cent cinquante - quatre après midi fut présent devant les soussignés notaires, Messire François Marie Arouet DE VOLTAIRE gentilhomme ordinaire de la Chambre du Roy, & membre de l'Académie Française, de celles de Rome, de Boulogne, de Toscane, d'Angleterre, d'Ecosse, & de Russie ; lequel nous a représenté un manuscrit in 4to, usé de vetusté, relié en un carton qui parait

)(

aussi

aussi fort vieux , intitulé *Essai sur les révolutions du monde, & sur l'histoire de l'esprit humain depuis le temps de Charlemagne jusqu'à nos jours. 1740.* lequel ledit sieur Comparant a dit avoir reçu hier vingt-un du courant, venant de sa bibliothéque de Paris, dans un paquet contre-signé *Bouret.*

Il nous a montré pareillement un livre imprimé en deux volumes in 12mo. intitulé *Abregé de l'histoire universelle depuis Charlemagne jusqu'à Charlequint par Mr. de Voltaire, à la Haye chez Jean Néaulme en l'année 1753.* & nous avons reconnu que ledit abregé était en quelque partie tiré du manuscrit dudit sieur Comparant à nous exhibé, en ce que tous deux commencent de la même façon : *Plusieurs esprits infatigables ayant &c.*

Nous avons reconnu pareillement la différence très-grande qui est entre ledit manuscrit, & ledit imprimé par les observations suivantes :

1ò.

1°. Nous avons trouvé à la première page du manuſcrit lig. 3. *Les hiſtoriens en cela reſſemblent à quelques tirans dont ils parlent ; ils ſacrifient le genre humain à un ſeul homme.*

Et dans l'édition de Jean Néaulme nous avons trouvé ; *Les hiſtoriens ſemblables en cela aux rois, ſacrifient le genre humain à un ſeul homme.*

Sur quoi l'auteur a proteſté qu'il ſe pourvoirait en temps & lieu contre ceux qui ont défiguré ſon ouvrage d'une maniere ſi odieuſe.

2°. Pag. 39. du manuſcrit ; *Le roi de Perſe eut un fils qui s'étant fait chrétien, fut indigne de l'être, & ſe révolta contre lui.*

Dans l'édition de Jean Néaulme on a ſupprimé malignement ces mots eſſentiels, *fut indigne de l'être.*

3ᵒ. Pag. 46. dudit manuscrit à l'article de Mahomet. *Le vulgaire turc qui ne voit pas ces fautes, les adore, & les Imans n'ont pas de peine à persuader ce que personne n'éxamine.*

On a mis dans l'imprimé ; *Le vulgaire qui ne voit point ces fautes, les adore, & les docteurs employent un déluge de paroles pour les pallier.* Cette affectation de mettre *docteurs* à la place d'*Imans* nous a paru sensible.

4ᵒ. Page 65. du manuscrit. *Il était impossible de ne pas révérer une suite presque non-interrompue de pontifes, qui avaient consolé l'église, étendu la rélligion, adouci les mœurs des hérules, des gots, des vandales, des lonbards & des francs.*

Tout ce passage qui contient plus de deux pages est entiérement oublié dans l'édition de Hollande.

5ᵒ. Page 71. du manuscrit : *C'est une chose*

chofe très remarquable que de près de quatre-vingt fectes qui avaient déchiré l'églife depuis fa naiffance , aucune n'avait eu un romain pour auteur fi on excepte Novatien.

Ce paffage ne fe trouve non plus que tout ce qui fuit dans l'édition de Jean Néaulme.

6ᵈ. Page 99. du manufcrit. *Il paraît qu'il y avait alors environ fept à huit fois moins d'argent en France , en Italie & vers le Rhin qu'il n'y en a aujourd'hui.*

L'édition de Hollande porte : *Il paraît qu'il y avait alors autant d'argent qu'au-jourd'hui.*

Par-quoi l'auteur fe plaint de l'igno-rance autant que de la mauvaife foi de celui qui a vendu à Jean Néaulme un manufcrit fi différent du véritable.

7ᵈ. Page 282. du manufcrit. *Rome*

a toujours condamné ces coutumes ridicules &
barbares, il y a toujours eû plus de gravité,
plus de décence à Rome qu'ailleurs. Et on
sentait qu'en tout cette églife etait faite pour
donner des leçons aux autres.

Ni ce paffage ni les deux précédents
ne fe trouvent dans l'édition de Hollande.

8ὸ. Page 208. du manufcrit & fui-
vantes. Tout ce qui eft dans cet endroit fur les croifades, ne fe trouve
point dans l'imprimé.

9ὸ. Le chapitre quarante-unieme intitulé dans le manufcrit: *Mœurs &*
ufages au treizieme & quatorzieme fiécles
n'eft point dans l'imprimé.

10ὸ. Le chapitre quarante - deuxieme
page trois-cent-trente-quatre du manufcrit : intitulé *De l'Orient & particuliere-*
ment de Gengiskam , n'eft point dans
l'imprimé.

11ὸ.

11ᵒ. Page trois cent soixante & dix-huit du manuscrit. Dans le chapitre des Templiers depuis ces mots : *à l'endroit où est à présent la statue équestre de Henri quatre.* il y a cinq pages entieres qui ne sont point dans l'imprimé.

12ᵒ. Le chapitre quarante-cinquieme *de l'Espagne* page cinq cent quatrevingt-quatre du manuscrit n'est point dans l'imprimé.

13ᵒ. Page six cent huit du manuscrit, tout ce qui suit ces mots : *si j'avais blessé mon fils,* n'est point dans l'imprimé.

14ᵒ. Page six cent vingt six du manu-scrit depuis ces mots : *tant de benefices & si cherement.* tout ce qui suit jusqu'à la page six cent quinze n'est point dans l'imprimé.

Ce premiere tome du manuscrit qui contient six - cent soixantes & trois pa-

ges

ges, & qui finit au concile de Conftance, eft quatre fois plus confidérable que les deux tomes entiers imprimés. Et on ne trouve plus que foixante fix pages dans l'imprimé après l'article du concile de Conftance.

L'auteur nous a dit qu'il attend inceffament de Paris le fecond volume de fon manufcrit qui eft auffi épais que le premier & qui finit au tems de Philippe fecond, & qu'ainfi fon veritable ouvrage eft huit fois plus ample que celui qu'on a mis fous fon nom. Nous avons en outre confronté le manufcrit du premier tome, manufcrit à nous exhibé, avec l'édition de Jean Néaulme intitulée *Abregé de l'hiftoire univerfelle* : & nous n'avons pas trouvé une feule page dans laquelle il n'y ait de grandes differences.

Et le Sr. Comparant a protefté contre l'édition que Jean Néaulme a ofé mettre abufivement fous fon nom, la déclarant fub-

fubreptice , la condamnant comme rem-
plie d'erreurs & de fautes , & digne du
mépris de tous les lecteurs.

De tout ce que deffus après
un éxamen éxact, ledit Sr. Comparant
à requis acte à lui octroié pour fervir
& valoir ce qu'il appartiendra. Fait lû
& paffé à Colmar dans la maifon du
Sr. Jean Ulric Goll où réfide le dit Sr.
Comparant.

Et a figné avec nous dits Notaires ,
la minutte reftée vers Beffon l'un d'iceux.
Les renvois & ratures ci-deffus approu-
vées.

CALLOT & BESSON.

a colmar 20 février 1754

votre bibliotheque souffrira t'elle encor ce
rogaton? je vous supplie monseigneur de
faire relier cette préface avec cette belle
histoire universelle. voudriez vous bien avoir
la bonté de donner l'exemplaire cy joint
à Mr le président henaut comme à mon
confrere à l'académie et à mon maitre en
histoire. pardonnez moy cette liberté.
quoyque je ne sois pas sorti de mon lit ou de
ma chambre depuis cinq mois, je ne suis
pas moins enchanté de votre haute alzace. on y
est pauvre a la vérité, mais l'eveque de porentru
a deux cent mille écus d'arente, et cela est
bien juste. des jésuittes allemans gouvernent
son dioceze avec toute l'humilité dont ils
sont capables. ce sont gens de beaucoup d'esprit
j'y après qu'ils firent bruler bayle dans

colmar il y a quatre ans, un avocat general
nommé muller homme superieur porta son
bayle dans la place publique, et le brula
luy même, plusieurs génies du pays en firent
autant. comme vous êtes secretaire d'état
de la province, je vous supplie de m'envoyer
votre bayle bien relié, afin que je le brule
des que je pouray sortir.
je vous avais supplié de m'honorer d'un
petit mot de protection aupres du procureur
general pour eviter un extreme ridicule
dont le scandale irait aux oreilles du roy.
mais j'ay peutetre mal pris mon temps,
et j'ay bien peur que dans un accez de
goutte vous n'ayez eu pour moy un accez
d'indiference. mais je consens d'être

creŭuŭunuŭe, mon cŭ l'histoire prétenduë uni =
verielle, si vous êtes quitte de votre goutte. —

je suis fâché de dire a un grand ministre que
jay un peu le scorbut et quelque atteinte
d'idropisie. je vous supplie tres serieusement
de croire que je suis obligé pour ne point mourir,
de voiager et de chercher quelque abri un peu
chaud. comme je n'ay reçu aucun ordre posifit
du roy, et que je ne sais ce qu'on me veut,
je me flatte qu'il me sera permis de porter
mon corps mourant ou bon me semblera.
le roy a dit a madame de pompadour qu'il
ne voulait pas que j'allasse a paris ; je
pense comme sa majesté. je ne veux point
aller a paris. et je suis persuadé qu'il
trouvera bon que je me promene au loin.

je remets le tout a votre bonté et a votre prudence.

Si vous jugez a propos monseigneur d'en dire un mot
au roy in tempore opportuno, et de luy en parler
comme d'une chose simple qui n'exige pas de permis
sion, je vous aurai reellement obligation de la vie
je suis persuadé que le roy ne veut pas que je
meure dans l'hopital de colmar.

en un mot je vous supplie d'estendre l'indulgen
du Roy. il est bien affreux de souffrir tout ce
que je soufre pour un mauvais livre qui n'est
pas de moy, je suis dans votre département, ainsi ma
priere et mon esperance sont dans les régles.
Daignez me faire savoir si je peus voiager.
je vous aurai l'obligation d'exister. et je
vivray plein du plus tendre respect pour
vous

pardon de cette enorme lettre

Lettre au Sr. Jean Néaulme, Libraire de la Haye & de Berlin.

J'ai lû avec attention & avec douleur le livre intitulé *Abregé de l'hiſtoire univerſelle*, dont vous dites avoir acheté le manuſcrit à Bruxelles. Un libraire de Paris à qui vous l'avez envoïé, en a fait ſur le champ une édition auſſi fautive que la vôtre. Vous auriez bien dû au moins me conſulter avant de donner au public un ouvrage ſi défectueux. En vérité c'eſt la honte de la littérature. Comment votre éditeur a-t-il pû pren-dre le huitiéme ſiécle pour le quatriéme, le treiziéme pour le douziéme, le pape Boniface VIII. pour Boniface VII? preſque chaque page eſt pleine de fautes abſurdes ; tout ce que je peux vous dire, c'eſt que tous les manuſcrits qui ſont à Paris, ceux qui ſont actuellement entre les mains du roi de Pruſſe, de monſeigneur l'électeur Palatin, de madame la ducheſſe de Gotha, font très-différents du vôtre. Une transpofition, un mot oublié fuffifent pour former un fens abfurde ou odieux. Il y a mal-heureufement beaucoup de ces fautes dans votre ouvrage. Il femble que vous aïez voulu me rendre ridicule & me perdre en imprimant cette informe rapfodie, & en y mettant mon nom. Votre éditeur a trouvé le fecret d'avilir un ouvrage qui aurait pu devenir très-utile. Vous avez gagné de l'argent; je vous en félicite. Mais je vis dans un païs où l'honneur des lettres & les bienféances me font un devoir d'avertir, que je n'ai nulle part à la publication de ce livre rempli d'erreurs & d'indécences, que je le défavoue, que je le condamne; & que je vous fçais très-mauvais gré de votre édition. VOLTAIRE.

à Colmar 28. *Decembre* 1753.

ABREGÉ

DE

L'HISTOIRE

UNIVERSELLE.

DE LA CHINE.

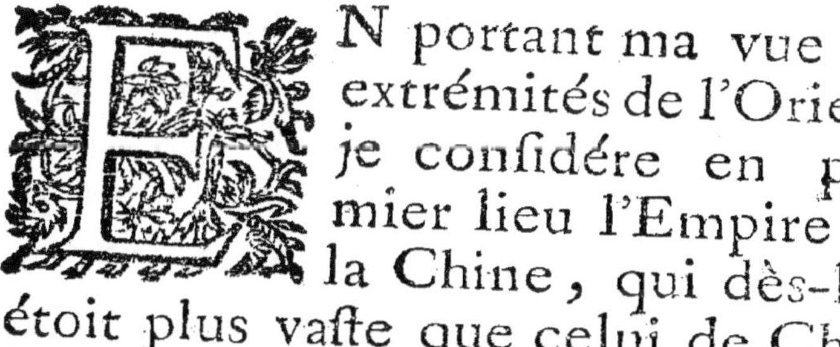N portant ma vue aux extrémités de l'Orient, je considére en premier lieu l'Empire de la Chine, qui dès-lors étoit plus vaste que celui de Charlemagne, sur-tout en joignant la Corée & le Tonquin, Provinces alors tributaires des Chinois; environ 29 degrés de longitude & 24

Tom. I.　　　　　　　　A　　　　en

en latitude, forment fon étendue.
Le corps de cet Etat fubfifte avec
fplendeur depuis plus de quatre mille ans, fans que les loix, les mœurs,
le langage, la maniére même de
s'habiller ayent fouffert d'altération
fenfible.

Son Hiftoire incontestable & la
feule qui foit fondée fur des obfervations céleftes, remonte par la
Chronologie la plus fûre, jufqu'à
un Eclipfe calculée 2155 ans a-
vant notre Ere vulgaire, & vérifiée
par les Mathématiciens miffionaires, qui envoyés dans les derniers
fiécles chez cette Nation inconnue, l'ont admirée & l'ont inftrui-
te. Le Pére Gaubil a examiné une
fuite de 36 Eclipfes de Soleil, rap-
portées dans les Livres de Confucius, & il n'en a trouvé que deux
douteufes & deux fauffes.

Il eft vrai qu'Alexandre avoit
envoyé de Babilone en Gréce les
obfervations des Caldéens, qui re-
montoient à 400 années plus haut
que

que les Chinois, & c'eſt ſans con-
tredit le plus beau monument de
l'Antiquité : mais ces Ephémérides
de Babilone n'étoient point liées à
l'Hiſtoire des faits : les Chinois au
contraire ont joint l'Hiſtoire du
Ciel à celle de la Terre, & ont
ainſi juſtifié l'une par l'autre.

Deux cens trente ans au-delà du
jour de l'Eclipſe (calculée 2155 ans
avant notre Ere vulgaire) leur Chronologie atteint ſans interruption &
par les témoignages les plus autentiques, juſqu'à l'Empereur Hiao,
habile Mathématicien pour ſon
tems, qui travailla lui-même à réformer l'Aſtronomie, & qui dans
un régne d'environ 80 ans, cher-
cha à rendre les hommes éclairés
& heureux. Son nom eſt encore
en vénération à la Chine, comme l'eſt en Europe celui des Titus, des Trajans, & des Antonins.

Avant ce Grand-homme, on
trouve encore ſix Rois ſes prédé-

ceſ-

cesseurs ; mais la durée de leur régne est incertaine. Je crois qu'on
ne peut mieux faire dans ce silen-
ce de la Chronologie, que de recourir à la régle de Newton, qui
ayant composé une année commune des années qu'ont régné les Rois
de différens Pays, réduit chaque
régne à 22 ans ou environ. Suivant
ce calcul, d'autant plus raisonnable qu'il est plus modéré, ces six
Rois auront régné à peu près 130
ans ; ce qui est bien plus conforme
à l'ordre de la nature, que les 250
ans qu'on donne, par exemple,
aux sept Rois de Rome ; & que
tant d'autres calculs démentis par
l'expérience de tous les tems.

Le premier de ces Rois, nommé Fohi, régnoit donc 25 siécles
au moins avant l'Ere vulgaire, au
tems que les Babiloniens avoient
déjà une suite d'observations astro-
nomiques : & dès lors la Chine
obéissoit à un Souverain. Ses 15
Royaumes réunis sous un seul homme,

me, prouvent que longtems auparavant cet Etat étoit très-peuplé, policé, partagé en beaucoup de Souverainetés ; car jamais un grand Etat ne s'est formé que de plusieurs petits ; c'est l'ouvrage du tems, de la politique & du courage.

La Chine étoit au tems de Charlemagne comme longtems auparavant, & sur-tout aujourd'hui, plus peuplée encore que vaste. Le dernier dénombrement dont nous avons connoissance, fait seulement dans les 15 Provinces qui composent la Chine proprement dite, monte jusqu'à près de 60 millions d'hommes capables d'aller à la guerre ; en ne comptant ni les soldats vétérans, ni les vieillards au-dessus de 60 ans, ni la jeunesse au-dessous de 20 ans, ni les Mandarins, ni la multitude des Lettrés, ni les Bonzes, encore moins les Femmes qui font par-tout en pareil nombre que les hommes à un 13

ou

ou 14 près, selon les observations de ceux qui ont calculé avec le plus d'exactitude ce qui concerne le Genre-humain. A ce compte il paroît impossible qu'il y ait moins de 130 millions d'habitans à la Chine : notre Europe n'en a pas probablement beaucoup davantage, à compter (en exagérant) 20 millions en France, 25 en Allemagne, & le reste à proportion.

On ne doit donc pas être surpris, si les Villes Chinoises sont immenses ; si Pékin, la nouvelle Capitale de l'Empire, a près de six de nos grandes lieues de circonférence, & renferme environ quatre millions de Citoyens : si Nanquin, l'ancienne Métropole, en avoit autrefois davantage : si une simple Bourgade nommée Quientzeng, où l'on fabrique la Porcelaine, contient environ un million d'habitans.

Les Forces de cet Etat consistent selon les relations des hommes

les

les plus intelligens qui ayent jamais voyagé, dans une Milice d'environ 800 mille soldats bien entre-
tenus ; cinq cens soixante & dix
mille chevaux font nourris ou dans
les écuries ou dans les pâturages
de l'Empereur , pour monter les
gens de guerre, pour les voyages
de la Cour, & pour les courriers
publics. Plufieurs Miffionaires ,
que l'Empereur Cang-hi dans ces
derniers tems approcha de fa perfonne par amour pour les Sciences , rapportent qu'ils l'ont fuivi
dans ces chaffes magnifiques vers
la grande Tartarie, où cent mille cavaliers & 60 mille hommes de pied
marchoient en ordre de bataille.

Les Villes Chinoifes n'ont jamais eu d'autres fortifications , que
celles que le bon-fens a infpirées
à toutes les Nations, avant l'ufage
de l'Artillerie. Un foffé , un rempart , une forte muraille & des
tours ; depuis même que les Chinois fe fervent de canons, ils n'ont

point suivi le modéle de nos Places de guerre ; mais au-lieu qu'ailleurs on fortifie des Places , les Chinois ont fortifié leur Empire. La grande muraille qui séparoit & défendoit la Chine des Tartares , bâtie cent trente-sept ans avant notre Ere , subsiste encore dans un contour de 500 lieues , s'éléve sur des montagnes , descend dans des précipices , ayant presque par-tout 20 de nos pieds de largeur sur plus de 30 de hauteur. Monument supérieur aux Pyramides d'Egypte par son utilité , comme par son immensité.

Ce rempart n'a pu empêcher les Tartares de profiter dans la suite des tems des divisions de la Chine , & de la subjuguer ; mais la constitution de l'Etat n'en a été ni affoiblie ni changée. Le Pays des Conquérans est devenu une partie de l'Etat conquis, & les Tartares Mantchoux , maîtres aujourd'hui de la Chine, n'ont fait autre cho-

se

Te que se soumettre les armes à la main aux Loix du Pays dont ils ont envahi le Trône.

Le revenu ordinaire de l'Empereur monte, selon les supputations les plus vraisemblables, à deux cens millions d'onces d'argent. Il est à remarquer que l'once d'argent ne vaut pas cent de nos sous valeur intrinséque, comme le dit l'Histoire de la Chine ; car il n'y a point de valeur intrinséque numéraire ; mais à prendre le marc de notre argent à 50 de nos livres de compte, cette somme revient à 1250 millions de notre monnoie en 1740. Je dis en ce tems ; car cette valeur arbitraire n'a que trop changé parmi nous, & changera peut-être encore : c'est à quoi ne prennent pas assez garde les Ecrivains plus instruits des livres que des affaires, qui évaluent souvent l'argent étranger d'une maniére très-fautive.

Ils ont eu des Monnoies d'or &

d'ard'argent frappées avec le coing, longtems avant que les Dariques fuffent frappés en Perfe. L'Empereur Cang-hi avoit raffemblé une fuite de 3000 de ces monnoies, parmi lefquelles il y en avoit beaucoup des Indes ; autre preuve de l'ancienneté des Arts dans l'Afie ; mais depuis longtems l'or n'eft plus une mefure commune à la Chine, il y eft marchandife comme en Hollande , l'argent n'y eft plus monnoie : le poids & le titre en font le prix ; on n'y frappe plus que du cuivre, qui feul dans ce Pays a une valeur arbitraire. Le Gouvernement dans des tems difficiles s'eft fervi de papier , comme on a fait depuis dans plus d'un Etat de l'Europe ; mais jamais la Chine n'a eu l'ufage des Banques publiques, qui augmentent les richeffes d'une Nation , en multipliant fon crédit.

Ce Pays favorifé de la Nature poffède prefque tous les fruits de

no-

notre Europe, & beaucoup d'autres qui nous manquent. Le Bled, le Ris, la Vigne, les Légumes, les Arbres de toutes espéces y couvrent la terre; mais les Peuples n'ont jamais fait de Vin, satisfaits d'une liqueur assez forte qu'ils savent tirer du ris.

L'Insecte précieux qui produit la Soye, est originaire de la Chine; c'est de-là qu'il passa en Perse assez tard avec l'Art de faire des étoffes, du duvet qui les couvre; & ces étoffes étoient si rares du tems même de Justinien, que la Soye se vendoit en Europe au poids de l'or.

Le Papier fin & d'un blanc éclatant étoit fabriqué chez les Chinois de tems immémorial, on en faisoit avec les filets de bois de Bambou bouilli. On ne connoît pas la premiére époque de la Porcelaine & de ce beau Vernis qu'on commence à imiter & à égaler en Europe.

Ils

Ils favent depuis 2000 ans fabriquer le Verre, mais moins beau & moins tranfparent que le nôtre.

L'Imprimerie y fut inventée par eux du tems de Jules Céfar. On fait que cette Imprimerie eft une gravure fur des planches de bois, telle que Laurent Cofter la pratiqua le premier à Harlem au XV. Siécle. L'Art de graver les caractéres fur le bois, eft plus perfectionné à la Chine ; notre méthode d'employer les caractéres mobiles & de fonte, beaucoup fupérieure à la leur, n'a point encore été adoptée par eux, tant ils font attachés à leurs anciens ufages.

Ils avoient un peu de Mufique, mais fi informe & fi groffiére, qu'ils ignoroient les femi-tons.

L'ufage des Cloches eft chez eux de la plus haute antiquité. Ils ont cultivé la Chimie, & fans devenir jamais bons Phyficiens, ils ont inventé la poudre ; mais ils ne s'en fervoient que dans des Fêtes, dans

l'Art

l'Art des Feux d'artifice, où ils ont surpassé les autres Nations. Ce furent les Portugais qui dans ces derniers siécles leur ont enseigné l'usage de l'Artillerie, & ce sont les Jésuites qui leur ont appris à fondre le Canon. Si les Chinois ne s'appliquent pas à inventer ces instrumens destructeurs, il ne faut pas en louer leur vertu, puisqu'ils n'en ont pas moins fait la guerre.

Jamais leur Géométrie n'alla au-delà des simples élémens. Ils pousférent plus loin l'Astronomie, entant qu'elle est la science des yeux & le fruit de la patience. Ils observérent le Ciel assidûment, remarquérent tous les phénoménes, & les transmirent à la postérité. Ils divisérent, comme nous, le cours du Soleil en $365\frac{1}{2}$ parties. Ils connurent, mais confusément, la précision des Equinoxes & des Solstices. Ce qui mérite peut-être le plus d'attention, c'est que de tems immémorial ils partagent le mois en semaines de sept jours.

On montre encore les Instrumens dont se servit un de leurs fameux Astronômes mille ans avant notre Ere, dans une Ville qui n'est que du troisiéme ordre.

Nanquin, l'ancienne Capitale, conserve un Globe de bronze, que trois hommes ne peuvent embrasser, porté sur un cube de cuivre qui s'ouvre, & dans lequel on fait entrer un homme pour tourner ce Globe, sur lequel sont tracés les méridiens & les paralléles.

Peckin a un Observatoire rempli d'Astrolabes & de Sphéres armillaires ; instrumens à - la - vérité inférieurs aux nôtres pour l'exactitude, mais témoignages célébres de la supériorité des Chinois sur les autres Peuples d'Asie.

La Boussole qu'ils connoissoient, ne servoit pas à son véritable usage de guider la route des Vaisseaux. Ils ne navigeoient que près des côtes ; possesseurs d'une terre qui four-

fournit tout, ils n'avoient pas befoin d'aller, comme nous, au bout
du Monde. La Bouffole, ainfi que
la Poudre à tirer, étoit pour eux
une fimple curiofité, & ils n'en é-
toient pas plus à plaindre.

Il eft étrange que leur Aftronomie & leurs autres Sciences foient
en même tems fi anciennes chez
eux & fi bornées : ce qui eft moins
étonnant, c'eft la crédulité avec
laquelle ces Peuples ont toujours
joint leurs erreurs de l'Aftrologie
judiciaire aux vraies Connoiffances
céleftes.

Cette fuperftition a été celle de
tous les hommes, & il n'y a pas
longtems que nous en fommes gué-
ris, tant l'erreur femble faite pour
le Genre-humain.

Si on cherche pourquoi tant
d'Arts & de Sciences cultivées fans
interruption depuis fi longtems à
la Chine, ont cependant fait fi peu
de progrès, il y en a peut-être
deux raifons ; l'une eft le refpect
pro-

prodigieux que ces Peuples ont pour ce qui leur a été tranfmis par leurs Péres, & qui rend parfait à leurs yeux tout ce qui eft ancien; l'autre eft la nature de leur Langue, premier principe de toutes les connoiffances.

L'Art de faire connoître fes idées par l'écriture, qui devroit n'être qu'une méthode très-fimple, eft chez eux ce qu'ils ont de plus difficile. Chaque mot a des caractéres différens : un Savant à la Chine eft celui qui connoit le plus de ces caractéres, quelques-uns font arrivés à la vieilleffe avant de favoir bien écrire.

Ce qu'ils ont le plus connu, le plus cultivé, le plus perfectioné, c'eft la Morale & les Loix. Le refpect des enfans pour les Péres eft le fondement du Gouvernement Chinois. L'autorité paternelle n'y eft jamais affoiblie. Un fils ne peut plaider contre fon Pére qu'avec le confentement de tous les parens,

des

des amis, & des Magistrats. Les Mandarins lettrés y sont regardés comme les Péres des Villes & des Provinces, & le Roi comme le Pére de l'Empire. Cette idée enracinée dans les cœurs, forme une famille de cet Etat immense.

Tous les vices y existent comme ailleurs, mais plus reprimés par le frein des Loix.

Les cérémonies continuelles qui y gênent la société, & dont l'amitié seule se défait dans l'intérieur des maisons, ont établi dans toutes les Nations une retenue & une honnêteté qui donne à la fois aux mœurs & de la gravité & de la douceur. Ces qualités s'étendent jusqu'au dernier du peuple. Des Missionaires racontent que souvent dans des Marchés publics, au milieu de ces embarras & de ces confusions qui excitent dans nos Contrées des clameurs si barbares & des emportemens si fréquens & si odieux, ils ont vu les Paysans se mettre à

ge-

genoux les uns devant les autres selon la coutume du Pays, se demander pardon de l'embarras dont chacun s'accusoit, s'aider l'un l'autre, & débarrasser tout avec tranquillité.

Dans les autres Pays les Loix punissent les Crimes; à la Chine elles font plus, elles récompensent la Vertu. Le bruit d'une action généreuse & rare se répand-il dans une Province, le Mandarin est obligé d'en avertir l'Empereur, & l'Empereur envoye une marque d'honneur à celui qui l'a si bien méritée. Cette Morale, cette obéissance aux Loix, jointe à l'adoration d'un Etre suprême, forment la Religion de la Chine, celle des Empereurs & des Lettrés. L'Empereur est de tems immémorial le premier Pontife, c'est lui qui sacrifie au *Tien*, au Souverain du Ciel & de la Terre. Il doit être le premier Philosophe, le premier Prédicateur de l'Empire ; ses Edits font

pres-

presque toujours des instructions qui animent à la vertu.

Congfutsée que nous appellons *Confucius*, qui vivoit il y a 2300 ans, un peu avant Pithagore, rétablit cette Religion, laquelle consiste à être juste. Il l'enseigna & la pratiqua dans la grandeur, dans l'abaissement, tantôt premier Ministre du Roi tributaire de l'Empereur, tantôt exilé, fugitif & pauvre. Il eut de son vivant 5000 disciples, & après sa mort ses disciples furent les Empereurs, les *Colao*, c'est-à-dire les Mandarins, les Lettrés, & tout ce qui n'est pas peuple.

Sa famille subsiste encore, & dans un Pays où il n'y a d'autre Noblesse que celle des services actuels, elle est distinguée des autres familles en mémoire de son Fondateur : pour lui, il a tous les honneurs, non pas les honneurs divins qu'on ne doit à aucun homme ; mais ceux que mérite un homme,

qui

qui a donné de la Divinité les idées les plus saines que puisse former l'esprit humain sans Révélation.

Quelque tems avant lui, Lao-Kum avoit introduit une Secte, qui croit aux Esprits malins, aux Enchantemens, aux Prestiges. Une Secte semblable à celle d'Epicure fut reçue & combattue à la Chine 500 ans avant JESUS-CHRIST: mais dans le premier siécle de notre Ere, ce Pays fut inondé de la superstition des Bonzes. Ils apportérent des Indes l'idole de *Fo* ou de *Foé*, adoré sous différens noms par les Japonois & les Tartares, prétendu Dieu descendu sur la Terre, à qui on rend le culte le plus ridicule, & par conséquent le plus fait pour le Vulgaire. Cette Religion née dans les Indes près de mille ans avant JESUS-CHRIST, a infecté l'Asie orientale; c'est ce Dieu que prêchent les *Bonzes* à la Chine, les *Talapoins* à Siam, les *Lamas* en Tartarie. C'est en son nom qu'ils qu'ils promettent une vie éternelle, & que des milliers de Bonzes confacrent leurs jours à des exercices de pénitence, qui effrayent la nature. Quelques-uns paffent leur vie nuds & enchaînés ; d'autres portent un carcan de fer, qui plie leurs corps en deux & tient leur front toujours baiffé à terre. Leur fanatifme fe fubdivife à l'infini. Ils paffent pour chaffer des Démons, pour opérer des miracles ; ils vendent aux peuples la remiffion des péchés. Cette Secte féduit quelquefois des Mandarins, & par une fatalité qui montre que la même fuperftition eft de tous les Pays, quelques Mandarins fe font fait tondre en Bonzes par piété.

Ce font eux qui dans la Tartarie ont à leur tête le *Dailama*, Idole vivante qu'on adore, & c'est-là peut-être le triomphe de la Superftition humaine.

Ce *Dailama*, fucceffeur & vicaire du Dieu *Fo*, paffe pour immortel. Les Prêtres nouriffent toujours un jeune *Lama* défigné fucceffeur fecret du Souverain Pontife, qui prend fa place dès que celui-ci, qu'on croit immortel, eft mort. Les Princes Tartares ne lui parlent qu'à genoux. Il décide fouverainement tous les points de Foi fur lefquels les Lamas font divifés. Enfin il s'eft depuis quelque tems fait Souverain du Tibet à l'occident de la Chine. L'Empereur reçoit fes Ambaffadeurs, & lui en envoie avec des préfens confidérables.

Ces Sectes font tolérées à la Chine pour l'ufage du Vulgaire, comme des alimens grofliers faits pour le nourrir ; tandis que les Magiftrats & les Lettrés féparés en tout du peuple, fe nourriffent d'une fubftance plus pure. Confucius gémiffoit pourtant de cette foule d'erreurs : *Pourquoi*, dit-il dans un de fes Livres, *y a-t-il plus de crimes chez la populace ignorante que par-*

parmi les Lettrés ? C'est que le peu-
ple est gouverné par les Bonzes.

Beaucoup de Lettrés font à-
la - vérité tombés dans le Maté-
rialifme, mais leur Morale n'en a
point été altérée. Ils penfent que
la vertu eft fi néceffaire aux hommes, & fi aimable par elle - même, qu'on n'a pas même befoin de
la connoiffance d'un Dieu pour la
fuivre.

On prétend que vers le VIII.
Siécle, du tems de Charlemagne,
la Religion Chrétienne étoit connue à la Chine. On affure que nos
Miffionaires ont trouvé dans la
Province de Kinski une infcription en caractéres Syriaques & Chinois. Ce monument qu'on voit
tout au long dans Kirker, attefte
qu'un Evêque nommé Olopuen,
partit de Judée l'an de Notre Seigneur 636 pour annoncer l'Evangile; qu'auffi-tôt qu'il fut arrivé au
fauxbourg de la Ville Impériale,
l'Empereur envoya un Colao au de-

vant

vant de lui, & lui fit bâtir une Eglife Chrétienne, &c. La date de l'infcription eft de l'année 782.

Ce monument eft peut-être une de ces fraudes pieufes, qu'on s'eft toujours trop aifément permifes. Ce nom d'*Olopuen*, qui eft Efpagnol, rend déjà le monument bien fufpect. Cet empreffement d'un Empereur de la Chine à envoyer à cet Olopuen un Grand de fa Cour, eft plus fufpect encore dans un Pays où il étoit défendu fous peine de mort aux Etrangers de paffer les frontiéres. La date de l'infcription ne porte-t-elle pas encore le caractére du menfonge? Les Prêtres & les Evêques de Jérufalem ne comptoient point leurs années au VII. Siécle, comme on les compte dans ce monument. L'Ere Vulgaire de Denys le Petit n'eft point reçue chez les Nations Orientales,& on ne commença même à s'en fervir en Occident que vers le tems de Charlemagne. De

plus

plus, comment cet Olopuen au-
roit-il pu, en arrivant, se faire entendre dans une Langue qu'on peut
à peine aprendre en dix années ;
& comment un Empereur eut-il
fait tout d'un coup bâtir une Eglise Chrétienne en faveur d'un E-
tranger qui auroit bégayé par in-
terpréte une Religion si nouvelle ?

Il est donc probable qu'au tems
de Charlemagne, la Religion Chrétienne étoit absolument inconnue à
la Chine.

Je me réserve à jetter les yeux
sur Siam, sur le Japon, & sur tout
ce qui est situé vers l'Orient & le
Midi, lorsque je serai parvenu au
tems où l'industrie des Européans
s'est ouvert un chemin facile à ces
extrémités de notre Hémisphére.

  DES

DES INDES,

DE LA

PERSE, DE L'ARABIE

ET DU

MAHOMÉTISME.

EN me ramenant vers l'Europe, je trouve d'abord l'Inde ou l'Indoustan, Contrée un peu moins vaste que la Chine, & plus connue par les denrées précieuses que l'industrie des Négotians en a tiré dans tous les tems, que par des relations exactes.

Une chaîne de montagnes peu interrompues, semble en avoir fixé les limites entre la Chine, la Tartarie & la Perse. Le reste est entouré de mers. Cependant l'Inde en-deçà du Gange fut longtems soufoumife aux Perfans, & voilà pour-quoi Alexandre, vengeur de la Gréce & vainqueur de Darius, pouffa fes conquêtes jufqu'aux Indes tributaires de fon ennemi. Depuis Alexandre les Indiens avoient vécu dans la liberté & dans la moleffe qu'infpirent la valeur du climat & la richeffe de la terre.

Les Grecs y voyageoient avant Alexandre pour y chercher la Science. C'eft-là que le célébre Pilpay écrivit, il y a 2 300 années, ces *Fables Morales*, traduites dans prefque toutes les Langues du Monde. Le Jeu des Echecs y fut inventé. Les Chifres dont nous nous fervons, & que les Arabes nous ont apporté vers le tems de Charlemagne, nous viennent de l'Inde. Peut-être les anciennes Médailles, dont les Curieux Chinois font tant de cas, font une preuve que les Arts furent cultivés aux Indes avant d'être connus des Chinois.

On y a de tems immémorial di-

vifé

visé la route annuelle du Soleil en douze parties. L'année des Bracmanes & des plus anciens Gymnosophistes commença toujours, quand le Soleil entroit dans la Constellation qu'ils nomment *Moscham*, & qui est pour nous le Bélier. Leurs Semaines furent toujours de sept jours : division que les Grecs ne connurent jamais. Leurs Jours portent les noms des sept Planétes. Le Jour du Soleil est appellé chez eux *Mitradinam*, reste à savoir si ce mot *Mitra*, qui chez les Perses signifie aussi le Soleil, est originairement un terme de la Langue des Mages, ou de celle des Sages de l'Inde. Il est bien difficile de dire, laquelle des deux Nations enseigna l'autre ; mais s'il s'agissoit de décider entre les Indes & l'Egypte, je croirois les Sciences bien plus anciennes dans les Indes. Ma conjecture est fondée sur ce que le terrain des Indes est bien plus aisément habitable que le terrain voisin

fin du Nil, dont les débordemens
dûrent longtems rebuter les premiers Colons, avant qu'ils euſſent
dompté ce fleuve en creuſant des
canaux. Le ſol des Indes eſt d'ailleurs d'une fertilité bien plus va-
riée, & qui a dû exciter davantage la curioſité & l'induſtrie humaine : mais il ne paroît pas que
la Science du Gouvernement & de
la Morale y ait été perfectionnée
autant que chez les Chinois.

La Superſtition y a dès longtems étouffé les Sciences qu'on y
venoit aprendre dans les tems re-
culés. Les Bonzes & les Bramins,
ſucceſſeurs des Bracmanes, y ſou-
tiennent la doctrine de la Métemp-
ſicoſe. Ils y répandent d'ailleurs
l'abrutiſſement avec l'erreur : ils en-
gagent, quand ils peuvent, les femmes à ſe bruler ſur le corps de leurs
maris morts. Les vaſtes Côtes de
Coromandel ſont en proie à ces
coutumes affreuſes, que le Gou-
B 3 ver-

vernement Mahométan n'a pu encore détruire.

Ces Bramins, qui entretiennent dans le peuple la plus stupide idolâtrie, ont pourtant entre leurs mains un des plus anciens Livres du Monde, écrit par leurs premiers Sages, dans lequel on ne reconnoît qu'un seul Etre suprême. Ils conservent précieusement ce témoignage qui les condamne. Ils prêchent des erreurs qui leur sont utiles, & cachent une vérité qui ne seroit que respectable.

Dans ce même Indoustan sur les Côtes de Malabar & de Coromandel, on est surpris de trouver des Chrétiens établis depuis environ 1200 ans. Ils se nomment les Chrétiens de St. Thomas. Un Marchand Chrétien de Syrie nommé *Mar Thomas* (*Mar* signifie *Monsieur*) y établit sa religion avec son commerce. Il y laissa une nombreuse famille, des Facteurs, des Ouvriers, qui s'étant un peu multipliés,

pliés, ont depuis douze siécles conservé la Religion de *Mar Thomas*, qu'on n'a pas manqué de prendre ensuite pour St. Thomas l'Apôtre.

Ces Chrétiens ne connoissoient ni la Suprématie de Rome, ni la Transubstantiation, ni plusieurs Sacremens, ni le Purgatoire, ni le Culte des Images. Nous verrons en son tems comment de nouveaux Missionaires leur ont apris ce qu'ils ignoroient.

En remontant vers la Perse, on y trouve un peu avant le tems qui me sert d'époque, la plus grande & la plus prompte révolution que nous connoissions sur la Terre.

Une nouvelle Domination, une Religion & des Mœurs jusqu'alors inconnues, avoient changé la face de ces Contrées; & ce changement s'étendoit déjà fort avant en Asie, en Afrique & en Europe.

Pour me faire une idée du Mahométisme qui a donné une nou-

B 4   velle

velle forme à tant d'Empires, je me rappellerai d'abord les parties du Monde qui lui furent les premiéres foumifes.

La Perfe avoit étendu fa domination avant Alexandre, de l'Egypte à la Bactriane au-delà du Pays où eft aujourd'hui Samarcande, & de la Thrace jufqu'au Fleuve de l'Inde.

Divifée & refferrée fous les Séleucides, elle avoit repris des acroiffemens fous Arfaces le Parthien 250 ans avant JESUS-CHRIST. Les Arfacides n'eurent ni la Syrie, ni les Contrées qui bordent le Pont-Euxin; mais ils difputérent avec les Romains de l'Empire de l'Orient, & leur oppoférent toujours des barriéres infurmontables.

Du tems d'Alexandre Sévére, vers l'an 226, Artaxare enleva ce Royaume & rétablit l'Empire des Perfes, dont l'étendue ne différoit guéres alors de ce qu'elle eft de nos jours.

Au

Au milieu de toutes ces révolutions, l'ancienne Religion des Mages s'étoit toujours soutenue en Perse ; & ni les Dieux des Grecs, ni d'autres Divinités n'avoient prévalu.

Noushirvan ou Cosroés le Grand, sur la fin du VI. Siécle, avoit étendu son empire dans une partie de l'Arabie pétrée & de celle qu'on nommoit heureuse. Il en avoit chassé des Abissins Chrétiens, qui l'avoient envahie. Il proscrivit autant qu'il le put le Christianisme de ses propres Etats, forcé à cette sévérité par le crime d'un fils de sa femme, qui s'étant fait Chrétien, se révolta contre lui.

La derniére année du régne de ce fameux Roi, nâquit Mahomet à la Mecque dans l'Arabie pétrée en 570. Son Pays défendoit alors sa liberté contre les Perses & contre ces Princes de Constantinople, qui retenoient toujours le nom d'Empereurs Romains.

B 5

Les

Les enfans du Grand Noushir-van, indignes d'un tel Pére, dé-foloient la Perfe par des guerres ci-viles & par des parricides. Les fuc-ceffeurs du fage Juftinien avilif-foient le nom de l'Empire. Mau-rice venoit d'être détrôné par les armes de Phocas, & par les intri-gues du Patriarche Ciriaque & de quelques Evêques, que Phocas pu-nit enfuite de l'avoir fervi. Le fang de Maurice & de fes cinq fils avoit coulé fous la main du boureau ; & le Pape Grégoire le Grand, en-nemi des Patriarches de Conftan-tinople, tâchoit d'attirer le Tyran Phocas dans fon parti, en lui pro-diguant des louanges, & en con-damnant la mémoire de Maurice, qu'il avoit loué pendant fa vie.

L'Empire de Rome en Occi-dent étoit anéanti : un déluge de Barbares, Goths, Hérules, Huns, Vandales inondoient l'Europe, quand Mahomet jettoit dans les Déferts de l'Arabie les fondemens
de

de la Religion & de la Puissance Musulmane.

On sait que Mahomet étoit le cadet d'une famille pauvre, qu'il fut longtems au service d'une femme de la Mecque, nommée Cadit-scha, laquelle exerçoit le négoce; qu'il l'épousa, & qu'il vécut obscur jusqu'à l'âge de quarante ans. Il ne déploya qu'à cet âge les talens qui le rendoient supérieur à ses compatriotes. Il avoit une éloquence vive & forte, dépouillée d'art & de méthode, telle qu'il la falloit à des Arabes; un air d'autorité & d'insinuation, animé par des yeux perçans & par une physionomie heureuse; l'intrépidité d'Alexandre, sa libéralité, & la sobriété dont Alexandre auroit eu besoin pour être un grand-homme en tout.

L'amour, qu'un tempérament ardent lui rendoit nécessaire, & qui lui donna tant de femmes & de concubines, n'affoiblit ni son cou-

ra-

rage, ni son application, ni sa santé. C'est ainsi qu'en parlent les Arabes contemporains, & ce portrait est justifié par ses actions.

Après avoir bien connu le caractére de ses concitoyens, leur ignorance, leur crédulité & leur disposition à l'enthousiasme ; il vit qu'il pouvoit s'ériger en Prophéte. Il feignit des révélations, il parla : il se fit croire d'abord dans sa maison, ce qui étoit probablement le plus difficile. En trois ans il eut quarante-deux disciples persuadés ; Omar, son persécuteur, devint son Apôtre ; au bout de cinq ans il en eut 114.

Il enseignoit aux Arabes adorateurs des Etoiles, qu'il ne falloit adorer que le Dieu qui les a faites : que les Livres des Juifs & des Chrétiens s'étant corrompus & falsifiés, on devoit les avoir en horreur : qu'on étoit obligé sous peine de châtiment éternel de prier

cinq

cinq fois par jour ; de donner l'aumône ; & sur-tout, en ne recon-
noissant qu'un seul Dieu, de croire en Mahomet son dernier Prophéte ; enfin de hazarder sa vie
pour sa foi.

Il défendit l'usage du Vin, par
ce que l'abus en est trop dange-
reux. Il conserva la Circoncision
pratiquée par les Arabes, ainsi que
par les anciens Egyptiens, instituée
probablement pour prévenir ces
abus de la premiére puberté, qui
énervent souvent la jeunesse. Il
permit aux hommes la pluralité des
femmes, usage immémorial de tout
l'Orient. Il n'altéra en rien la Morale, qui a toujours été la même
dans le fond chez tous les hommes, & qu'aucun Législateur n'a
jamais corrompue.

Il proposoit pour récompense
une vie éternelle, où l'Ame seroit
enivrée de tous les plaisirs spiri-
tuels, & où le Corps, ressuscité avec
ses sens goûteroit par ces sens
B 7

mê-

même toutes les voluptés qui lui font propres.

Sa Religion s'appella *l'Ismamisme*, qui signifie *résignation à la volonté de Dieu*. Le Livre qui la contient, s'appella *Coran*, c'est-à-dire *le Livre*, ou *l'Ecriture*, ou *la Lecture par excellence*.

Tous les Interprétes de ce Livre conviennent que sa morale est contenue dans ces paroles : *Recherchez qui vous chasse ; donnez à qui vous ôte ; pardonnez à qui vous offense ; faites du bien à tous ; ne contestez point avec les Ignorans.*

Parmi les déclamations incohérentes, dont ce Livre est rempli selon le goût Oriental, on ne laisse pas de trouver des morceaux qui peuvent paroître sublimes. Mahomet, par exemple, en parlant de la cessation du Déluge, s'exprime ainsi : *Dieu dit, Terre engloutis tes eaux, Ciel puise les on-*

des

des que tu a verfées : le Ciel & la Terre obéirent.

Sa définition de Dieu eſt d'un genre plus véritablement ſublime. On lui demandoit quel étoit cet *Alla* qu'il annonçoit : *C'eſt celui, répondit-il, qui tient l'être de foi-même, & de qui les autres le tiennent ; qui n'engendre point, & qui n'eſt point engendré ; & à qui rien n'eſt ſemblable dans toute l'étendue des Etres.*

Il eſt vrai que les contradictions, les abſurdités, les anachroniſmes ſont répandues en foule dans ce Livre. On y voit ſur-tout une ignorance profonde de la Phyſique la plus ſimple & la plus connue. C'eſt là la pierre de touche des Livres que les fauſſes Religions prétendent écrits par la Divinité ; car Dieu n'eſt ni abſurde ni ignorant ; mais le Vulgaire qui ne voit point ces fautes, les adore, & les Docteurs emploient un déluge de paroles pour les pallier.

Quel-

Quelques perſonnes ont cru ſur un paſſage équivoque de l'Alcoran, que Mahomet ne ſavoit ni lire ni écrire; ce qui ajoûteroit encore aux prodiges de ſes ſuccès : mais il n'eſt pas vraiſemblable qu'un homme qui avoit été négociant ſi longtems, ne ſût pas ce qui eſt ſi néceſſaire au négoce : encore moins eſt-il probable, qu'un homme ſi inſtruit des Hiſtoires & des Fables de ſon Pays, ignorât ce que ſavoient tous les enfans de ſa Patrie. D'ailleurs les Auteurs Arabes rapportent qu'en mourant, Mahomet demanda une plume & de l'encre.

Perſécuté à la Mecque, ſa fuite qu'on nomme *Egire*, devint l'époque de ſa gloire & de la fondation de ſon Empire. De fugitif il devint conquérant ; réfugié à Médine, il y perſuada le peuple & l'aſſervit : il battit d'abord avec 113 hommes les Mecquois, qui étoient venus fondre ſur lui au

nom

nombre de mille. Cette victoire, qui fut un miracle aux yeux de ſes Sectateurs, les perſuada que Dieu combattoit pour eux, comme eux pour lui. Dès la premiére victoire, ils eſpérérent la conquête du Monde. Mahomet prit la Mecque, vit ſes perſécuteurs à ſes pieds, conquit en neuf ans par la parole & par les armes toute l'Arabie, Pays auſſi grand que la Perſe, & que les Perſes ni les Romains n'avoient pû conquérir.

Dès ſes premiers ſuccès il avoit écrit au Roi de Perſe Coſroès Second, à l'Empereur Héraclius, au Prince des Coptes Gouverneur d'Egypte, au Roi des Abiſſins, à un Roi nommé Mandar, qui régnoit dans une Province près du Golphe Perſique.

Il ôſa leur propoſer d'embraſſer ſa Religion ; & ce qui eſt étrange, c'eſt que de ces Princes il y en eut deux qui ſe firent Mahométans. Ce furent le Roi d'Abiſſinie

& ce Mandar. Cofroès déchira la Lettre de Mahomet avec indignation. Héraclius répondit par des préfens. Le Prince des Coptes lui envoya une Fille qui paffoit pour un chef-d'œuvre de la Nature, & qu'on appelloit *La belle Marie.*

Mahomet au bout de neuf ans fe croyant affez fort pour étendre fa conquête & fa religion dans l'Empire Grec & Perfan, commença par attaquer la Syrie foumife alors à Héraclius, & lui prit quelques Villes. Cet Empereur entêté de difputes métaphyfiques de Religion, & qui avoit pris le parti des Monothélites, effuya en peu de tems deux propofitions bien finguliéres ; l'une de la part de Cofroès Second, qui l'avoit longtems vaincu, & l'autre de la part de Mahomet. Cofroès vouloit qu'Héraclius embraffât la Religion des Mages, & Mahomet qu'il fe fît Mufulman.

Enfin Mahomet maître de l'Arabie,

rabie, & redoutable à tous ses voisins, attaqué d'une maladie mortelle à Médine à l'âge de 63½ ans, voulut que ses derniers momens paruffent ceux d'un Héros & d'un Jufte : *Que celui à qui j'ai fait violence & injuftice paroiffe*, s'écria-t-il, *& je fuis prêt de lui faire réparation*. Un homme fe leva, qui lui redemanda quelque argent; Mahomet le lui fit donner, & expira peu de tems après, regardé comme un grand-homme par ceux même qui favoient qu'il étoit un impofteur, & révéré comme un Prophéte par tout le refte.

Sa derniére volonté ne fut point exécutée. Il avoit nommé Aly fon gendre & Fatime fa fille pour les héritiers de fon Empire. Mais l'ambition qui l'emporte fur le fanatifme même, engagea les Chefs de fon Armée à déclarer Calife, c'eft-à-dire Vicaire du Prophéte, le vieux Abubéker fon beau-pére, dans l'efpérance qu'ils pourroient bien

bientôt eux mêmes partager la succession.   Aly resta dans l'Arabie,
attendant le tems de se signaler.

Abubéker rassembla d'abord en
un corps les feuilles éparses de l'Alcoran. On lut en présence de tous
les Chefs les chapitres de ce Livre,
& on établit son autenticité inva-
riable.

Bientôt Abubéker mena ses Musulmans en Palestine, & y défit le
frére d'Héraclius.   Il mourut peu
après avec la réputation du plus
généreux de tous les hommes,
n'ayant jamais pris pour lui qu'environ quarante sous de notre monnoie par jour de tout le butin qu'on
partageoit, & ayant fait voir combien le mépris des petits intérêts
peut s'accorder avec l'ambition que
les grands intérêts inspirent.

Omar élu après lui fut un des
plus rapides Conquérans qui ayent
désolé la Terre. Il prend d'abord
Damas, célébre par la fertilité de
son territoire, par les ouvrages
d'a-

d'acier les meilleurs de l'Univers ; par ces étoffes de foye qui portent encore son nom. Il chasse de la Syrie & de la Phénicie les Grecs qu'on appelloit Romains. Il reçoit à composition après un long siége, la Ville de Jérusalem toujours occupée par des étrangers, qui se succédérent les uns aux autres, depuis que David l'eut enlevée à ses anciens citoyens.

Dans le même tems les Lieutenans d'Omar s'avançoient en Perse. Le dernier des Rois Persans, que nous appellons Hormisdas IV. livre bataille aux Arabes à quelques lieues de Madain, devenue la Capitale de cet Empire. Il perd la bataille & la vie. Les Perses passent sous la domination d'Omar, plus facilement qu'ils n'avoient subi le joug d'Alexandre.

Alors tomba cette ancienne Religion des Mages, que le Vainqueur de Darius avoit respectée ;

car

car il ne toucha jamais au culte des Peuples vaincus.

Les Mages fondés par Zoroaftre & réformés enfuite par un autre Zoroaftre du tems de Darius, fils d'Hydafpes, adorateurs d'un feul Dieu, ennemis de tout fimulacre, révéroient dans le Feu qui donne la vie à la Nature, l'emblême de la Divinité. Ils reconnoiffoient de tout tems un mauvais Principe, à qui Dieu permettoit de faire le mal; ils le nommoient *Satan*; & c'eft parmi eux que Manés avoit puifé fa Doctrine des deux Principes. Ils regardoient leur Religion comme la plus ancienne & la plus pure. La connoiffance qu'ils avoient des Mathématiques, de l'Aftronomie & de l'Hiftoire, augmentoit leur mépris pour leurs vainqueurs alors ignorans. Ils ne purent abandonner une Religion confacrée par tant de fiécles, pour une Secte ennemie qui venoit de naître.

Ils

Ils fe retirérent aux extrémités de la Perfe & de l'Inde. C'eft-là qu'ils vivent aujourd'hui fous le nom de *Gavres* ou de *Guébres*, ne fe mariant qu'entre eux, entretenant le Feu facré ; fidéles a ce qu'ils connoiffent de leur ancien culte, mais ignorans, méprifés, &, à leur pauvreté près, femblables aux Juifs fi longtems difperfés fans s'allier aux autres Nations, & plus encore aux Banians, qui ne font établis & difperfés que dans l'Inde.

Tandis qu'un Lieutenant d'Omar fubjugue la Perfe, un autre enléve l'Egypte entiére aux Romains & une grande partie de la Libie. C'eft dans cette conquête qu'eft brulée la fameufe Bibliothéque d'Alexandrie, monument des connoiffances & des erreurs des hommes, commencée par Ptolomée Philadelphe, & augmentée par tant de Rois. Alors les Sarrazins ne vouloient de Science que l'Alcoran.

Après

Après Omar tué par un Esclave Perse, Aly ce gendre de Mahomet que les Persans révérent aujourd'hui, & dont ils suivent les principes en opposition à ceux d'Omar, obtint enfin le Califat, & transféra le Siége des Califes dans la Ville de Médine, où Mahomet est enséveli dans la Ville de Couffa sur les bords de l'Euphrate : à peine en reste-t-il aujourd'hui des ruines. C'est le sort de Babylone, de Séleucie, & de toutes les anciennes Villes de la Caldée qui n'étoient bâties que de briques.

Après le régne de seize Califes de la Maison des Ommiades, régnérent les Califes Abassides. C'est Abougrafar Almanzor, second Calife Abasside, qui fixa le Siége de ce grand Empire à Bagdat au de là de l'Euphrate dans la Caldée. Les Turcs disent qu'il en jetta les fondemens. Les Persans assurent qu'elle étoit très-ancienne, & qu'il ne fit que la réparer. C'est cette Ville

qu'on

qu'on appelle quelquefois Babylone, & qui a été le sujet de tant
de guerres entre la Perse & la
Turquie.

La domination des Califes dura
655 ans, despotique dans la Religion, comme dans le Gouvernement. Ils n'étoient point adorés,
ainsi que le grand Lama; mais ils
avoient une autorité plus réelle, &
dans les tems même de leur décadence, ils furent respectés des
Princes qui les persécutoient. Tous
ces Sultans Turcs, Arabes, Tartares, reçurent l'investiture des Califes, avec bien moins de contesta-
tion, que plusieurs Princes Chrétiens n'on ont reçu des Papes. On
ne baisoit point les pieds du Calife, mais on se prosternoit sur le
seuil de son Palais.

Si jamais Puissance a menacé
toute la Terre, c'est celle de ces
Califes ; car ils avoient le droit
du Trône & de l'Autel, du Glaive
& de l'Enthousiasme. Leurs ordres

étoient autant d'oracles, & leurs soldats autant de fanatiques.

Dès l'an 671 ils assiégerent Constantinople, qui devoit un jour devenir Mahométane ; les divisions presque inévitables parmi tant de Chefs féroces, n'arrêtérent pas leurs conquêtes. Ils ressemblérent en ce point aux anciens Romains, qui parmi leurs guerres civiles avoient subjugué l'Asie mineure.

On les voit en 711 passer d'Egypte en Espagne, soumise aisément tour à tour, par les Carthaginois, par les Romains, par les Gots & Vandales, & enfin par ces Arabes qu'on nomme Maures. Ils y établissent d'abord le Royaume de Cordoue. Le Sultan d'Egypte secoue à-la-vérité le joug du grand Calife de Bagdat, & Abdérame, Gouverneur de l'Espagne conquise, ne reconnoît plus le Sultan d'Egypte ; cependant tout plie encore sous les Armes Musulmanes.

Cet

Cet Abdérame, petit-fils du Calife Hétham, prend les Royaumes de Castille, de Navarre, de Portugal, d'Arragon; il établit les siens en Languedoc, il s'empare de la Guyenne & du Poitou; & sans Charles Martel, qui lui ôta la victoire & la vie, la France étoit une Province Mahométane.

A mesure que les Mahométans devinrent puissans, ils se polirent. Ces Califes toujours reconnus pour Souverains de la Religion, & en apparence de l'Empire, par ceux qui ne reçoivent plus leurs ordres de si loin, tranquilles dans leur nouvelle Babylone, y font enfin renaître les Arts. Aaron Rachild contemporain de Charlemagne, plus respecté que ses prédécesseurs, & qui sut se faire obéir jusqu'en Espagne & aux Indes, ranima les Sciences, fit fleurir les Arts agréables & utiles, attira les Gens-de-Lettres, composa des vers, & fit succéder dans ses vastes Etats la

Po-

Politique à la Barbarie. Sous lui les Arabes qui adoptoient déja les Chiffres Indiens, nous les apportérent. Nous ne connûmes en Allemagne & en France le cours des Aſtres, que par le moyen de ces mêmes Arabes. Le mot ſeul d'*Almanach* en eſt encore un témoignage.

L'Almageſte de Ptolomée fut alors traduit du Grec en Arabe par l'Aſtronôme Benhonain. Le Calife Almanon fit meſurer géométriquement un dégré du Méridien pour déterminer la grandeur de la Terre. Opération qui n'a été faite en France que plus de 900 ans après ſous Louis XIV. Ce même Aſtronôme Benhonain pouſſa ſes obſervations aſſez loin, reconnut ou que Ptolomée avoit fixé la plus grande déclinaiſon du Soleil trop au ſeptentrion, ou que l'obliquité de l'Ecliptique avoit changé. Il vit même que le période de trente-ſix mille ans qu'on avoit aſſigné au

mou-

mouvement prétendu des Etoiles fixes d'Occident en Orient, devoit être beaucoup racourci.

La Chimie & la Médecine étoient cultivées par les Arabes. La Chimie perfectionnée par nous, ne nous fut connue que par eux. Nous leur devons de nouveaux remédes, qu'on nomme les *minoratifs*, plus doux & plus salutaires que ceux qui étoient auparavant en usage dans l'Ecole d'Hipocrate & de Galien. Enfin dès le second Siécle de Mahomet, il fallut que les Chrétiens d'Occident s'instruisissent chez les Musulmans.

ETAT

ETAT DE L'ITALIE

ET DE

L'EGLISE CHRETIENNE.

PLus l'Empire de Mahomet fleu-
rissoit, plus Constantinople
& Rome étoient avilies. Rome ne
s'étoit jamais relevée du coup fatal
que lui porta Constantin en trans-
férant le Siége de l'Empire. La
gloire, l'amour de la Patrie n'ani-
mérent plus les Romains. Il n'y
eut plus de fortune à espérer pour
les habitans de l'ancienne Capitale ; le courage s'énerva, les Arts
tombérent, on ne connut plus dans
le séjour des Scipions & des Césars que des contestations entre les
Juges Séculiers & l'Evêque. Prise
& reprise, saccagée tant de fois
par les Barbares, elle obéissoit encore

core aux Empereurs. Depuis Justinien un Vice - Roi sous le nom
d'Exarque, la gouvernoit, mais ne
daignoit plus la regarder comme
la Capitale de l'Italie. Il demeuroit
à Ravenne, & delà il envoyoit ses
ordres aux Romains. L'Evêque
dans ces tems de Barbarie augmentoit de jour en jour son autorité
par l'avilissement même de la Ville.
Les richesses de son Eglise se mul-
tiplioient. Le Préfet de Rome ne
pouvoit pas s'opposer sans - cesse
aux prétentions de l'Evêque, toujours appuyées de la sainteté du
Ministére. Envain l'Eglise de Ravenne contestoit mille droits à
celle de Rome. On reconnoissoit
l'Eglise de Rome dans tout l'Occident Chrétien comme la Mére
commune. On la consultoit, on lui
demandoit des Missionnaires, &
dans la servitude de la Ville, l'E-
vêque dominoit au dehors.

Le reste de l'Italie citérieure
obéissoit aux Rois Lombards, qui

ré-

régnoient dans Pavie , ils se frayoient toujours le chemin à la conquête de Rome , & le Peuple Romain auroit voulu n'être soumis ni aux Lombards , ni aux Empereurs Grecs. Les Papes conçurent dans ce VIII. Siécle le dessein de se rendre eux - mêmes maîtres de Rome ; ils virent avec prudence, que ce qui dans d'autres tems n'eût été qu'une révolte & une sédition impuissante, pouvoit devenir une révolution excusable par la nécessité, & illustre par le succès.

ORIGINE

DE LA

PUISSANCE DES PAPES.

LE Pape Gregoire III. fut le premier qui imagina de se servir du bras des François pour ôter l'Italie aux Empereurs & aux Lombards. Son successeur Zacharie reconnut Pepin usurpateur du Royaume de France pour Roi légitime. On a prétendu que Pepin, qui n'étoit que premier Ministre, fit demander d'abord au Pape, quel étoit le vrai Roi, ou de celui qui n'en avoit que le droit & le nom, ou de celui qui en avoit l'autorité & le mérite ? Et que le Pape décida, que le Ministre devoit être Roi. Il n'a jamais été prouvé qu'on ait joué cette Comédie ; mais ce qui eſt vrai , c'eſt que le Pape Etienne III. appella Pepin à ſon ſecours, qu'il feignit une Lettre de St. Pierre , adreſſée du Ciel à Pepin & à ſes fils , qu'il vint en France , qu'il donna dans St. Denis l'Onction Royale à Pepin , premier Roi ſacré en Europe. Non ſeulement ce premier uſurpateur reçut l'Onction Sacrée du Pape , après l'avoir reçue de St. Boniface , qu'on appelloit l'*Apôtre d'Allemagne* ; mais Etienne III. défendit ſous peine d'excommunication aux François de ſe donner jamais des Rois d'une autre race. Tandis que cet Evêque chaſſé de ſa patrie & ſuppliant dans une terre étrangére , avoit le courage de donner des loix , ſa politique prenoit une autorité qui aſſuroit celle de Pepin ; & ce Prince pour mieux jouir de ce qui ne lui étoit pas dû , laiſſoit au Pape des droits qui ne lui appartenoient pas.

Hugues Capet fit voir depuis ce que

que valoit une telle défenfe & une telle excommunication. Les fruits de cette union avec Pepin furent l'anéantiffement du pouvoir des Empereurs dans Rome, la révolution de l'Occident, & la puiffance de l'Eglife Romaine.

Les Lombards venoient de s'emparer de l'Exarcat de Ravenne. Pepin après les avoir vaincus & leur avoir ôté le refte du domaine des Empereurs, fit préfent au Pape d'une partie des biens qu'il avoit conquis. Il donna Ravenne, Boulogne, Imola, Fuenza, Forli, Ferrare, Rimini, Pezaro, Ancone, Urbin; Rome n'y fut pas comprife, & l'Evêque n'ofa pas s'emparer de de la Capiale de fon Souverain. Le peuple alors ne l'eût pas foufert, tant le nom de Rome & fes débris imprimoient encore de refpect à fes citoyens.

Cet Evêque fut le premier Prêtre Chrétien qui devint Seigneur temporel, & qu'on pût mettre au

 rang

rang des Princes ; aucun ne le fut jamais en Orient. Sous les yeux du Maître les sujets restent sujets ; mais loin du Souverain & dans les tems de trouble, il falloit bien que de nouvelles Puissances s'établissent dans un Pays abandonné. Mais il ne faut pas croire que les Papes jouirent paisiblement de cette donation ; non seulement les Terres furent bientôt reprises par les Lombards ; mais lorsqu'ensuite Charlemagne eut confirmé cette Donation, & ajoûté encore tant de nouveaux domaines au Patrimoine de St. Pierre, les Seigneurs de ces Patrimoines, ou ceux qui les envahirent, ne regardérent pas la Donation de Charlemagne comme un droit incontestable. L'autorité spirituelle des Papes, déja grande dans l'Occident qui tenoit d'eux la Religion Chrétienne, ne dominoit point ainsi en Orient. Les Papes ne convoquérent point les six premiers Conciles Oecuméniques,

&

& dès le VI. Siécle on voit que Jean le Jeûneur Patriarche de Conſtantinople, reconnu pour Saint chez les Grecs, prenoit le titre d'Evêque univerſel; titre qui ſembloit permis au Paſteur de la Ville Impériale. On voit au VIII. Siécle ce Patriarche ſe nommer Pape dans un Acte public. Au II. Concile de Nicée on appelloit ce Patriarche *Très-Saint Pere*. Le Pape étoit toujours nommé le premier, excepté dans quelques Actes paſſés entre lui & le Patriarche à Conſtantinople; mais cette primauté purement ſpirituelle n'avoit rien de la Souveraineté; le Pape étoit le premier des Evêques, & n'étoit le maître d'aucun Evêque.

 ETAT

ETAT DE L'EGLISE

EN

ORIENT AVANT

CHARLEMAGNE.

EN Orient les Chefs de la Religion ne pouvant fe faire une domination temporelle, y excitérent d'autres troubles par ces querelles interminables, fruit de l'efprit fophiftique des Grecs & de leurs Difciples.

Depuis que Conftantin eut donné une liberté entiére aux Chrétiens auxquels on ne pouvoit plus l'ôter, & dont le parti l'avoit mis fur le Trône, cette liberté étoit devenue une fource intariffable de querelles ; car le Fondateur de la Religion n'ayant rien écrit, & les hommes voulant tout favoir, chaque myftére fit naître des opinions,

&

& chaque opinion couta du sang.

Fallut-il décider si le Fils étoit consubstantiel au Pere ? le Monde Chrétien fut partagé, & la moitié persécuta l'autre. Voulut-on savoir si la Mere de JESUS-CHRIST étoit la Mere de Dieu ou de Jesus ? Si le Christ avoit deux natures & deux volontés dans une même personne, ou deux personnes & une volonté, ou une volonté & une personne ? Toutes ces disputes nées dans Constantinople, dans Antioche, dans Alexandrie, excitérent des séditions. Un parti anathématisoit l'autre ; la faction dominante condamnoit à l'exil, à la prison, à la mort, & aux peines éternelles après la mort l'autre faction, qui se vengeoit à son tour par les mêmes armes.

De pareils troubles n'avoient point été connus dans le Paganisme ; la raison en est que les Payens dans leurs erreurs grossieres, n'avoient point de dogmes, & que

les

les Prêtres des Idoles, encore moins les Séculiers, ne s'assemblerent jamais juridiquement pour disputer.

Dans le VIII. Siécle on agita dans les Eglises d'Orient s'il falloit rendre un culte aux Images. La Loi de Moyse les avoit expressément défendues, cette Loi n'avoit jamais été révoquée, & les premiers Chrétiens pendant plus de 200 ans n'en avoient jamais souferts dans leurs assemblées.

Peu à peu la coutume s'introduisit par-tout d'avoir chez soi des Crucifix. Ensuite on eut les portraits vrais ou faux des Martyrs ou des Confesseurs. Il n'y avoit point encore d'Autels érigés pour les Saints, point de Messes célébrées en leur nom, seulement à la vue d'un Crucifix & de l'image d'un homme de bien. Le cœur qui surtout dans ces climats a besoin d'objets sensibles, s'excitoit à la vertu.

Cet usage s'introduisit dans les Egli-

Eglises. Quelques Evêques ne l'adopterent pas. On voit qu'en 393 St. Epiphane arracha d'une Eglise de Syrie une Image devant laquelle on prioit. Il déclara que la Religion Chrétienne ne permettoit pas ce culte, & sa sévérité ne causa point de Schisme.

Enfin cette pratique pieuse dégénéra en abus, comme toutes les choses humaines. Le peuple toujours grossier ne distingua point Dieu & les Images. Bientôt on en vint jusqu'à leur attribuer des vertus & des miracles. Chaque Image guérissoit une maladie. On les mêla même aux Sortiléges, qui ont presque toujours séduit la crédulité du Vulgaire. Je dis non seulement le vulgaire du Peuple, mais celui des Princes & des Savans.

En 727 l'Empereur Léon l'Isaurien voulut, à la persuasion de quelques Evêques, déraciner l'abus ; mais par un abus encore plus grand, il fit effacer toutes les peintures.

tures. Il abatit les statues & les repréſentations de JESUS - CHRIST & des Saints : en ôtant ainſi tout d'un coup aux Peuples les objets de leur culte, il les révolta ; on déſobéit , il perſcuta ; il devint Tyran , parce qu'il avoit été imprudent.

Son fils Conſtantin Copronime fit paſſer en Loi Civile & Eccléſiaſtique l'abolition des Images. Il tint à Conſtantinople un Concile de 338 Evêques ; ils proſcrivirent d'une commune voix ce culte reçu dans pluſieurs Egliſes & ſurtout à Rome.

Cet Empereur eût voulu abolir auſſi aiſément les Moines , qu'il avoit en horreur, & qu'il n'appelloit que les abominables ; mais il ne put y réuſſir : ces Moines déjà fort riches défendirent plus habilement leurs biens, que les Images de leurs Saints.

Le Pape Gregoire III. & ſes ſucceſſeurs , ennemis ſecrets des
Em-

Empereurs , & oppofés ouverte-
ment à leur doctrine , ne lan-
cérent pourtant point ces fortes
d'excommunications, depuis fi fré-
quemment & fi légérement em-
ployées. Mais foit que ce vieux refpect pour les fucceffeurs des Céfars
contînt encore les Métropolitains
de Rome , foit plutôt qu'ils viffent
combien ces excommunications ,
ces interdits & difpenfes du ferment
de fidélité feroient méprifés dans
Conftantinople, où l'Eglife Patriarchale s'égaloit au moins à celle de
Rome , les Papes fe contentérent
d'un Concile en 732 , où l'on décida que tout ennemi des Images
feroit excommunié , fans rien de
plus , & fans parler de l'Empereur.
Il paroît que les Papes fongérent
plutôt à négocier qu'à difputer , &
qu'en agiffant au dehors en Evêques fermes , mais modérés , ils fe
conduifirent en vrais politiques , &
préparérent la révolution d'Occident.

RE-

RENOUVELLEMENT

DE

L'EMPIRE EN OCCIDENT.

LE Royaume de Pepin s'étendoit du Rhin aux Pyrenées & aux Alpes. Charlemagne son fils aîné recueillit cette succession toute entiére ; car un de ses fréres étoit mort après le partage, & l'autre s'étoit fait Moine auparavant au Monastére de St. Sylvestre. Une espéce de piété qui se mêloit à la barbarie de ces tems, enferma plus d'un Prince dans le Cloître; ainsi Rachis Roi des Lombards, Carloman frére de Pepin, un Duc d'Aquitaine, avoient pris l'habit de Bénédictin. Il n'y avoit presque alors que cet Ordre dans l'Occident. Les Couvens étoient riches, puissans, respectés. C'étoient des aziles honorables pour ceux

qui

qui cherchoient une vie paisible. Bientôt après ces aziles furent les prisons des Princes détrônés.

Pepin n'avoit pas à beaucoup près le domaine direct de tous ses Etats : l'Aquitaine, la Baviére, la Provence, la Bretagne Pays nouvellement conquis, rendoient hommage & payoient tribut.

Deux Voisins pouvoient être redoutables à ce vaste Etat, les Germains Septentrionaux & les Sarrazins. L'Angleterre conquise par les Anglo-Saxons partagée en sept dominations, toujours en guerre avec l'Albanie qu'on nomme Ecosse, & avec les Danois, étoit sans politique & sans puissance. L'Italie foible & déchirée n'attendoit qu'un nouveau Maître qui voulût s'en emparer.

Les Germains Septentrionaux étoient alors appellés Saxons. On connoissoit sous ce nom tous ces Peuples qui habitoient les bords du Wéser & ceux de l'Elbe, de

Ham-

Hambourg à la Moravie, & de Mayence à la Mer Baltique. Ils étoient
Payens, ainsi que tout le Septentrion. Leurs Mœurs & leurs Loix
étoient les mêmes que du tems des
Romains. Chaque Canton se gouvernoit en République, mais ils
élisoient un Chef pour la Guerre.
Leurs Loix étoient simples comme
leurs mœurs; leur Religion gros-
siére : ils sacrifioient dans les grands
dangers, des hommes à la Divinité, ainsi que tant d'autres Nations;
car c'est le caractére des Barbares,
de croire la Divinité malfaisante :
les hommes font Dieu à leur image. Les François, quoique déjà
Chrétiens, eurent sous Théodebert
cette superstition horrible; ils im-
molérent des victimes humaines en
Italie au rapport de Procope, &
les Juifs avoient commis quelquefois ces sacriléges par piété. D'ailleurs ces Peuples cultivoient la justice, ils mettoient leur gloire &
leur bonheur dans la liberté. Ce

font

sont eux qui sous le nom de Cattes, de Chéruskes & de Bruétéres avoient vaincu Varus, & que Germanicus avoit ensuite défait.

Une partie de ces Peuples vers le V. Siécle appellée par les Bretons insulaires contre les habitans de l'Ecosse, subjugua la Bretagne qui touche à l'Ecosse, & lui donna le nom d'Angleterre. Ils y avoient déjà passé au III. Siécle ; car au tems de Constantin les côtes de cette Isle étoient appellées les Côtes Saxoniques.

Charlemagne, le plus ambitieux, le plus politique & le plus grand guerrier de son siécle, fit la guerre aux Saxons trente années avant de les assujettir pleinement. Leur Pays n'avoit point encore ce qui tente aujourd'hui la cupidité des Conquérans. Les riches Mines de Goslar, dont on a tiré tant d'argent, n'étoient point découvertes, elles ne le furent que sous Henri l'Oiseleur. Point de richesses ac-

cu-

cumulées par une longue industrie,
nulle Ville digne de l'ambition
d'un Usurpateur. Il ne s'agissoit
que d'avoir pour esclaves des millions d'hommes qui cultivoient la
terre sous un climat triste, qui
nourrissoient leurs troupeaux, &
qui ne vouloient point de Maîtres.

Ils étoient mal armés ; car je vois
dans les Capitulaires de Charlemagne une défense rigoureuse de ven-
dre des cuirasses aux Saxons. Cette différence des armes, jointe à
la discipline, avoit rendu les Romains vainqueurs de tant de Peuples ; elle fit triompher enfin Charlemagne.

Le Général de la plupart de ces
Peuples étoit ce fameux Vitiking,
dont on fait aujourd'hui descendre
les principales Maisons de l'Empire ; Homme tel qu'Arminius, mais
qui eut enfin plus de foiblesse.
Charles prend d'abord la fameuse
Bourgade d'Eresbourg ; car ce lieu

ne méritoit ni le nom de Ville, ni celui de Forteresse. Il fait égorger les habitans. Il y pille & raze ensuite le principal Temple du Pays, élevé autrefois au Dieu *Tanfana*, (Principe universel), & dédié alors au Dieu Irminsul; Temple révéré en Saxe comme celui de Sion chez les Juifs. On y massacra les Prêtres sur les débris de l'Idole renversée. On pénétra jusqu'au Wéser avec l'armée victorieuse. Tous ces Cantons se soumirent. Charlemagne voulut les lier à son joug par le Christianisme. Tandis qu'il court à l'autre bout de ses Etats à d'autres conquêtes, il leur laisse des Missionaires pour les persuader, & des soldats pour les forcer. Presque tous ceux qui habitoient vers le Wéser, se trouvérent en un an Chrétiens & esclaves.

Vitiking retiré chez les Danois qui trembloient déjà pour leur liberté & pour leurs Dieux, revient au bout de quelques années. Il

ranime ſes compatriotes, il les raſ-
ſemble. Il trouve dans Bréme, Capitale du Pays qui porte ce nom,
un Evêque, une Egliſe, & ſes Saxons déſeſpérés , qu'on traîne à
des autels nouveaux. Il chaſſe l'E-
vêque, qui a le tems de fuir & de
s'embarquer. Il détruit le Chriſtianiſme , qu'on n'avoit embraſſé que
par la force. Il vient juſqu'auprès
du Rhin ſuivi d'une multitude de
Germains. Il bat les Lieutenans de
Charlemagne.

Ce Prince accourt. Il défait à
ſon tour Vitiking , mais il traite
de révolte cet effort courageux de
liberté. Il demande aux Saxons
tremblans qu'on lui livre leur Général , & ſur la nouvelle qu'ils
l'ont laiſſé retourner en Dannemarc , il fait maſſacrer 4500 priſonniers au bord de la petite Riviére d'Alre. Si ces priſonniers
avoient été des ſujet rebelles, un
tel châtiment auroit été une ſévé-
rité horrible ; mais traiter ainſi
des

des hommes qui combattoient pour leur liberté & pour leurs Loix, c'eſt l'action d'un Brigand, que d'illuſtres ſuccès & des qualités brillantes ont d'ailleurs fait Grand-homme.

Il fallut encore trois victoires avant d'accabler ces Peuples ſous le joug. Enfin le ſang cimenta le Chriſtianiſme & la Servitude. Vitiking lui-même laſſé de ſes malheurs, fut obligé de recevoir le batême, & de vivre deſormais tributaire de ſon Vainqueur. Le Roi pour mieux s'aſſurer du Pays, tranſporta des Colonies Saxones juſqu'en Italie, & établit des Colonies de Francs dans les terres des vaincus ; mais il joignit à cette politique ſage la cruauté de faire poignarder par des eſpions les Saxons qui vouloient retourner à leur culte. Souvent les Conquérans ne ſont cruels que dans la guerre : la paix améne des mœurs & des loix plus douces. Charlemagne au con-

D 2

trai-

traire fit des loix qui tenoient de l'inhumanité de ses conquêtes.

Ayant vu comment ce Conquérant traita les Allemans idolâtres, voyons comment il se conduisit avec les Mahométans d'Espagne. Il arrivoit déjà parmi eux ce qu'on vit bientôt après en Allemagne, en France & en Italie. Les Gouverneurs se rendoient indépendans. Les Emirs de Barcelone & ceux de Saragosse s'étoient mis sous la protection de Pepin. L'Emir de Saragosse en 778 vient jusqu'à Paderborne prier Charlemagne de le soutenir contre son Souverain. Le Prince François prit le parti de ce Musulman, mais il se donna bien garde de le faire Chrétien. D'autres intérêts, d'autres soins. Il s'allie avec des Sarrazins contre des Sarrazins ; mais après quelques avantages sur les frontiéres d'Espagne, son arriére-garde est défaite à Roncevaux, vers les montagnes des Pirenées par les Chrétiens même me de ces montagnes, mêlés aux Mufulmans. C'eft-là que périt Roland fon neveu. Ce malheur eft l'origine de ces fables qu'un Moine écrivit au XI. Siécle, fous le nom de l'Archevêque Turpin, & qu'enfuite l'imagination de l'Ariofte a embellies. On ne fait point en quel tems Charles effuya cette difgrace, & on ne voit point qu'il ait tiré vengeance de fa défaite. Content d'affurer fes frontiéres contre des ennemis trop aguerris, il n'embraffe que ce qu'il peut retenir, & régle fon ambition fur les conjonctures qui la favorifent.

C'eft à Rome & à l'Empire d'Occident que cette ambition afpiroit. La puiffance des Rois de Lombardie étoit le feul obftacle; l'Eglife de Rome & toutes les Eglifes fur lefquelles elle influoit, les Moines déjà puiffans, les Peuples déjà gouvernés par eux, tout appelloit Charlemagne à l'Empire de Rome. Le Pape Adrien né Romain , homme d'un génie adroit & ferme , aplanit la route. D'abord il l'engage à répudier la fille du Roi Lombard Didier , & Charlemagne la répudie après un an de mariage , sans en donner d'autre raison , sinon qu'elle ne lui plaîsoit pas. Didier qui voit cette union fatale du Roi & du Pape contre lui , prend un parti courageux. Il veut surprendre Rome & s'assurer de la personne du Pape , mais l'Evêque habile fait tourner la guerre en négociation. Charles envoye des Ambassadeurs pour gagner du tems. Enfin il passe les Alpes , une partie des troupes de Didier l'abandonne. Ce Roi malheureux s'enferme dans Pavie sa Capitale , Charlemagne l'y assiége au milieu de l'hyver. La Ville réduite à l'extrémité se rend après un siége de six mois. Didier pour toute condition obtient la vie. Ainsi finit ce Royaume des Lombards qui avoient détruit en Italie

la

la puiſſance Romaine, & qui avoient ſubſtitué leurs loix à celles des Empereurs. Didier le dernier de ces Rois fut conduit en France dans le Monaſtére de Corbie, où il vécut & mourut captif & Moine, tandis que ſon fils alloit inutilement demander des ſecours dans Conſtantinople à ce fantôme d’Empire Romain détruit en Occident par ſes ancêtres. Il faut remarquer que Didier ne fut pas le ſeul Souverain que Charlemagne enferma ; il traita ainſi un Duc de Baviére & ſes enfans.

Charlemagne n’oſoit pas encore ſe faire Souverain de Rome. Il ne prit que le titre de Roi d’Italie, tel que le portoient les Lombards. Il ſe fit couronner comme eux dans Pavie d’une couronne de fer qu’on garde encore dans la petite Ville de Monza. La juſtice s’adminiſtroit toujours à Rome au nom de l’Empereur Grec. Les Papes même recevoient de lui la confir-

D 4   ma-

mation de leur élection. Charlemagne prenoit seulement ainsi que
Pepin le titre de *Patrice*, que Théodoric & Attila avoient aussi daigné
prendre ; ainsi ce nom d'Empereur, qui dans son origine ne désignoit qu'un Général d'armée,
signifioit encore le Maître de l'O-
rient & de l'Occident. Tout vain
qu'il étoit, on le respectoit, on
craignoit de l'usurper, on n'affectoit que celui de *Patrice*, qui autrefois vouloit dire Sénateur Romain.

Les Papes déjà très-puissans dans
l'Eglise, très - grands Seigneurs à
Rome & Princes temporels dans
un petit Pays, n'avoient dans Rome même qu'une autorité précaire
& chancelante. Le Préfet, le Peuple, le Sénat, dont l'ombre subsistoit, s'élevoient souvent contre
eux. Les inimitiés des familles qui
prétendoient au Pontificat, rem-
plissoient Rome de confusion.

Les deux neveux d'Adrien con-
spi-

ſpirérent contre Léon III. ſon ſucceſſeur, élu Pape ſelon l'uſage par le Peuple & le Clergé Romain. Ils l'accuſent de beaucoup de crimes, ils animent les Romains contre lui : on traîne en priſon, on accable de coups à Rome celui qui étoit ſi reſpecté par-tout ailleurs. Il s'évade, il vient ſe jetter aux genoux du Patrice Charlemagne à Paderborne. Ce Prince qui agiſſoit déjà en maître abſolu, le renvoya avec une eſcorte & des Commiſſaires pour le juger. Ils avoient ordre de le trouver innocent. Enfin Charlemagne, maître de l'Italie comme de l'Allemagne & de la France, juge du Pape, arbitre de l'Europe vient à Rome en 801. Il ſe fait reconnoître & couronner Empereur d'Occident, titre qui étoit éteint depuis près de 500 années.

Alors régnoit en Orient cette Impératrice Iréne, fameuſe par ſon courage & par ſes crimes, qui

D 5

avoit

avoit fait mourir son fils, unique, après lui avoir arraché les yeux. Elle eût voulu prendre Charlemagne ; mais trop foible pour lui faire la guerre, elle voulut l'épouser & réunir ainsi les deux Empires. Tandis qu'on ménageoit ce mariage, une révolution chassa Iréne d'un trône qui lui avoit tant couté. Charles n'eut donc que l'Empire d'Occident. Il ne posséda presque rien dans les Espagnes ; car il ne faut pas compter pour domaine le vain hommage de quelques Sarrazins. Il n'avoit rien sur les côtes d'Afrique, tout le reste étoit sous sa domination.

S'il eût fait de Rome sa Capitale, si ses Successeurs y eussent fixé leur principal séjour, & surtout si l'usage de partager ses Etats à ses enfans n'eût point prévalu chez les Barbares, il est vraisemblable qu'on eût vu renaître l'Empire Romain. Tout concourut depuis à démembrer ce vaste corps,

que

que la valeur & la fortune de Charlemagne avoit formé , mais rien n'y contribua plus que ſes deſcendans.

Il n'avoit point de Capitale, ſeulement Aix-la-chapelle étoit le ſéjour qui lui plaîſoit le plus. Ce fut - là qu'il donna des audiences avec le faſte le plus impoſant aux Ambaſſadeurs des Califes & à ceux de Conſtantinople. D'ailleurs il étoit toujours en guerre ou en voyage , ainſi que vécut Charlequint longtems après lui. Il partagea ſes Etats & même de ſon vivant , comme tous les Rois de ce tems-là.

Mais enfin quand de ſes fils qu'il avoit déſignés pour régner , il n'y reſta plus que ce Louis ſi connu ſous le nom de *Débonnaire* , auquel il avoit déjà donné le Royaume d'Aquitaine, il l'aſſocia à l'Empire dans Aix-la-chapelle , & lui commanda de prendre lui-même ſur l'autel la Couronne Impériale ,

D 6 pour

pour faire voir au monde que cette Couronne n'étoit due qu'à la valeur du Pére & au mérite du fils, & comme s'il eût preſſenti qu'un jour les Miniſtres de l'autel voudroient diſpoſer de ce diadême.

Il avoit raiſon de déclarer ſon fils Empereur de ſon vivant ; car cette Dignité acquiſe par la fortune de Charlemagne, n'étoit point aſſurée au fils par le droit d'héritage ; mais en laiſſant l'Empire à Louïs, & en donnant l'Italie à Bernard fils de ſon fils Pepin, ne déchiroit-il pas lui-même cet Empire qu'il vouloit conſerver à ſa poſtérité ? N'étoit-ce pas armer néceſſairement ſes ſucceſſeurs les uns contre les autres ? Etoit-il à préſumer que le neveu Roi d'Italie obéiroit à ſon oncle Empereur, ou que l'Empereur voudroit bien n'être pas le Maître en Italie ?

Il paroît que dans les diſpoſitions de ſa famille, il n'agit ni en Roi, ni en Pére. Partager ſes Etats,
eſt-

eſt - il d'un ſage Conquérant ? Et puiſqu'il les partageoit, laiſſer trois autres enfans ſans aucun héritage, à la diſcrétion de Louis, étoit-il d'un Pére juſte ?

Il eſt vrai qu'on a cru que ces trois enfans ainſi abandonnés, nommés Drogon, Thierri & Hugues, étoient bâtards ; mais on l'a cru ſans preuve. D'ailleurs les enfans des concubines héritoient alors. Le grand Charles Martel étoit bâtard, & n'avoit point été deshérité.

Quoi qu'il en ſoit, Charlemagne mourut en 813, avec la réputation d'un Empereur auſſi heureux qu'Auguſte, auſſi guerrier qu'Adrien, mais non tel que les Trajans & les Antonins, auxquels nul Souverain n'a été comparable.

Il y avoit alors en Orient un Prince qui l'égaloit en gloire comme en puiſſance ; c'étoit le célébre Calife Aaron Rachild, qui le ſurpaſſa beaucoup en juſtice, en ſcience, en humanité.

D 7

J'oſe

J'ose presque ajoûter à ces deux hommes illustres le Pape Adrien, qui dans un rang moins élevé, dans une fortune presque privée, & avec des vertus moins héroïques, montra une prudence à laquelle ses successeurs ont dû leur aggrandissement.

La curiosité des hommes qui pénétre dans la vie privée des Princes, a voulu savoir jusqu'au détail de la vie de Charlemagne & au secret de ses plaisirs. On a écrit qu'il avoit poussé l'amour des femmes jusqu'à jouir de ses propres filles. On en a dit autant d'Auguste : mais qu'importe au Genre-humain le détail de ces foiblesses, qui n'ont influé en rien sur les affaires publiques !

J'envisage son régne par un endroit plus digne de l'attention d'un citoyen. Les Pays qui composent aujourd'hui la France & l'Allemagne jusqu'au Rhin, furent tranquiles pendant près de cinquante ans,

ans, & l'Italie pendant treize, depuis l'avénement à l'Empire. Point de révolution en France, point de calamité pendant ce demi-siécle, qui par-là est unique. Un bonheur si long ne suffit pas pourtant pour rendre aux hommes la Politesse & les Arts. La rouille de la Barbarie étoit trop forte, & les Ages suivans l'épaissirent encore.

DES USAGES

DU TEMS DE

CHARLEMAGNE.

JE m'arrête à cette célébre époque pour considérer les Usages, les Loix, la Religion, les Mœurs, l'Esprit qui régnoient alors.

J'examine d'abord l'Art de la guerre, par lequel Charlemagne établit cette puissance que perdirent ses enfans.

Je trouve peu de nouveaux réglemens, mais une grande fermeté à faire exécuter les anciens. Voici à peu près les Loix en usage, que sa valeur fit servir à tant de succès, & que sa prudence perfectionna.

Des Ducs amovibles gouvernoient les Provinces, & levoient les troupes à peu-près comme aujourd'hui les Beglierbeis des Turcs.

Ces

Ces Ducs avoient été inftitués en Italie par Dioclétien. Les Comtes dont l'origine me paroît du tems de Théodofe, commandoient fous les Ducs, & affembloient les troupes, chacun dans fon Canton. Les Métairies, les Bourgs, les Villages fourniffoient un nombre de foldats proportionné à leurs forces. Douze Métairies donnoient un cavalier armé d'un cafque & d'une cuiraffe, les autres foldats n'en portoient point, mais tous avoient le bouclier quarré long, la hache d'armes, le javelot & l'épée. Ceux qui fe fervoient de fléches, étoient obligés d'en avoir au moins douze dans leur carquois. Leur habit me paroît reffembler à celui des troupes Pruffiennes d'aujourd'hui. La Province qui fourniffoit la milice, lui diftribuoit du bled & les provifions néceffaires pour fix mois; le Roi en fourniffoit pour le refte de la campagne. On faifoit la révue au premier de Mars ou au premier

mier de Mai. C'eſt d'ordinaire dans ces tems qu'on tenoit les Parlemens. Dans les ſiéges de Ville on employoit le bélier, la baliſte, la tortue, & la plupart des machines des Romains. Les Seigneurs nommés Barons, Leudes, Richeomes, compoſoient avec leurs ſuivans le peu de cavalerie qu'on voyoit alors dans les armées. Les Muſulmans d'Afrique & d'Eſpagne avoient plus de cavaliers.

Charles avoit des forces navales aux embouchures de toutes les grandes Riviéres de ſon Empire; avant lui on ne les connoiſſoit pas chez les Barbares, après lui on les ignora longtems. Par ce moyen & par la police guerriére il arrêta ces inondations des peuples du Nord, il les contint dans leurs climats glacés; mais ſous ſes foibles deſcendans ils ſe répandirent dans l'Europe.

Il fit fleurir le Commerce, parce qu'il étoit le Maître des Mers;

ainſi

ainſi les Marchands des Côtes de Toſcane & ceux de Marſeille alloient trafiquer à Conſtantinople chez les Chrétiens & au Port d'Aléxandrie chez les Muſulmans, qui les recevoient, & dont ils tiroient les richeſſes de l'Aſie.

Veniſe & Génes, ſi puiſſantes depuis par le Négoce, n'attiroient pas encore à elles les richeſſes des Nations ; mais Veniſe commençoit à s'enrichir & à s'agrandir. Rome, Ravenne, Milan, Lyon, Arles, Tours, avoient beaucoup de Manufactures d'Etoffes de laine. On damaſquinoit le Fer à l'exemple de l'Aſie. On fabriquoit le Verre ; mais les étoffes de ſoyes n'étoient tiſſues dans aucune Ville de l'Empire d'Occident.

Les Vénitiens commençoient à les tirer de Conſtantinople ; mais ce ne fut que près de quatre cens ans après Charlemagne que les Princes Normans établirent à Palerme une Manufacture de Soye. Le Linge

ge étoit peu commun. Saint Boniface dans une Lettre à un Evêque
d'Allemagne , lui mande qu'il lui
envoie du drap à longs poils pour
se laver les pieds. Probablement ce
manque de linge étoit la cause de
toutes ces maladies de la peau,
connues sous le nom de *lépres*, si
générales alors ; car les Hôpitaux
nommés *Léproseries* étoient déjà
très nombreux.

La Monnoie avoit à peu près la
même valeur que celle de l'Empire
Romain depuis Constantin. Le
Sou d'or étoit le *solidum Romanum.*
Ce sou d'or équivaloit à quarante
deniers d'argent. Ces deniers tantôt plus forts, tantôt plus foibles,
pesoient l'un portant l'autre trente
grains

Le sou d'or vaudroit aujourd'hui
(1740) environ quinze francs, le denier d'argent trente sous de compte.

Il faut toujours en lisant les Histoires, se ressouvenir qu'outre ces
mon-

monnoies réelles d'or & d'argent,
on se servoit dans le calcul d'une
autre dénomination.   On s'expri-
moit souvent en monnoie de compte, monnoie fictice, qui n'étoit
comme aujourd'hui qu'une maniére
de compter.

Les Asiatiques & les Grecs comptoient par Mines & par Talens ; les
Romains par grands Sesterces, sans
qu'il y eût aucune monnoie qui
valût un grand sersterce ou un ta-
lent.

La Livre numéraire du tems de
Charlemagne , étoit réputée le
poids d'une livre d'argent de douze onces. Cette livre se divisoit nu-
mériquement comme aujourd'hui
en vingt parties.   Il y avoit à la
vérité des sous d'argent semblables
à nos écus, dont chacun pesoit la
20. ou 22. ou 24. partie d'une livre
de douze onces , & ce sou se divisoit comme le nôtre en douze
deniers. Mais Charlemagne ayant
ordonné que le sou d'argent seroit
pré-

précisément la 20. partie de douze onces, on s'accoutuma à regarder dans les comptes numéraires 20. sous pour un livre.

Pendant deux siécles les Monnoies restérent sur le pied où Charlemagne les avoit mis ; mais petit à petit les Rois dans leurs besoins tantôt chargérent les sous d'alliage, tantôt en diminuérent le poids ; de sorte que par un changement qui est presque la honte des Gouvernemens de l'Europe, ce sou qui étoit autrefois ce qu'est à peu près un écu d'argent, n'est plus qu'une légere piéce de cuivre avec un 11e. d'argent tout au plus ; & la livre qui étoit le signe représentatif de douze onces d'argent, n'est plus en France que le signe représentatif de 20. de nos sous de cuivre. Le Denier qui étoit la 124. partie d'une livre d'argent, n'est plus que le tiers de cette vile Monnoie qu'on appelle un liard : supposé donc qu'une Ville de France dût

à

à une autre 120 livres de rente, c’eſt-à-dire 1440 onces d’argent du tems de Charlemagne, elle s’acquitteroit aujourd’hui de ſa dette en payant ce que nous appellons un écu de ſix francs.

La Livre de compte des Anglois, celle des Hollandois, ont moins varié. Une livre ſterling d’Angleterre vaut environ 22 francs de France, & une Livre de compte Hollandoiſe vaut environ 12 francs de France ; ainſi les Hollandois ſe ſont écartés moins que les François de la Loi primitive, & les Anglois encore moins.

Toutes les fois donc que l’Hiſtoire nous parle de Monnoie ſous le nom de livres, nous n’avons qu’à examiner ce que valoit la livre au tems & dans le Pays dont on parle, & la comparer à la valeur de la nôtre. Nous devons avoir la même attention en liſant l’Hiſtoire Greque & Romaine. C’eſt par exemple un très- grand embar-

ras

ras pour le Lecteur, d'être obligé de réformer à chaque page les
comptes qui se trouvent dans l'Histoire ancienne d'un célébre Profes-
fesseur de l'Université de Paris, &
dans tant d'autres Auteurs. Quand
ils veulent exprimer en Monnoie
de France les talens, les mines, les
sesterces, ils se servent toujours de
l'évaluation que quelques Savans
ont fait avant la mort du grand
Colbert. Mais le marc de 8 onces, qui valoit sous ce Ministre
26 francs & dix sous, vaut depuis
longtems 49 francs, ce qui fait
une différence de près de la moitié. Ces fautes donnent une idée
des forces des anciens Gouvernemens, de leur Commerce, de la
paye de leurs Soldats, extrême-
ment contraire à la vérité.

Il paroît qu'il y avoit alors autant d'argent à peu près en France, en Italie & vers le Rhin qu'il
y en a aujourd'hui. On n'en peut
juger que par le prix des denrées,
&

& je le trouve presque le même; 24 livres de pain blanc valoient un denier d'argent par les Capitulaires de Charlemagne. Ce denier étoit la 40e. partie d'un sou d'or, qui valoit environ 15 francs de notre Monnoie; ainsi la livre de pain revenoit à près de cinq liards, ce qui ne s'éloigne pas du prix ordinaire dans les bonnes années.

Dans les Pays Septentrionaux l'argent étoit beaucoup plus rare, le prix d'un bœuf fut fixé par exemple à un sou d'or. Nous verront dans la suite comment le commerce & les richesses se sont étendues de proche en proche. En voilà déjà trop pour un abregé.

DE LA RELIGION.

LA querelle des Images est ce qui s'offre de plus singulier en matiére de Religion. Je vois d'abord que l'Impératrice Iréne Tutrice de son malheureux fils Constantin Porphirogénéte, pour se frayer le chemin à l'Empire, flate le Peuple & les Moines, à qui le Culte des Images proscrit par tant d'Empereurs depuis Léon l'Isaurien plaisoit encore. Elle y étoit elle-même attachée, parce que son mari les avoit eu en horreur. On avoit persuadé à Iréne que pour gouverner son mari il falloit mettre sur le chevet de son lit les Images de certaines Saintes. La plus ridicule crédulité entre dans les esprits politiques. L'Empereur son mari en avoit puni les auteurs. Iréne après la mort de son mari don-

donne un libre cours à son goût & à son ambition. Voilà ce qui assemble en 786 le second Concile de Nicée, septiéme Concile Oecuménique, commencé d'abord à Constantinople. Elle fait élire pour Patriarche un Laïc Sécretaire d'Etat, nommé Taraise. Il y avoit eu autrefois quelques exemples de Séculiers élevés ainsi à l'Evêché, sans passer par les autres grades, mais alors cette coutume ne subsistoit plus.

Ce Patriarche ouvrit le Concile. La conduite du Pape Adrien est très-remarquable. Il n'anathématise pas ce Sécretaire d'Etat qui se fait Patriarche. Il proteste seulement avec modestie dans ses Lettres à Iréne contre le titre de Patriarche Universel ; mais il insiste qu'on lui rende les patrimoines de la Sicile. Il redemande hautement ce peu de bien, tandis qu'il arrachoit ainsi que ses prédécesseurs le domaine utile de tant de belles

E 2

Ter-

Terres données par Pepin & par Charlemagne. Cependant le Concile Oecuménique de Nicée, auquel président les Légats du Pape & ce Ministre Patriarche, rétablit le Culte des Images.

C'est une chose avouée de tous les sages Critiques, que les Peres de ce Concile qui étoient au nombre de 350, y apportérent beaucoup de Piéces évidemment fausses ; beaucoup de Miracles dont le récit n'auroit que scandalisé dans d'autres tems, beaucoup de Livres apocriphes. Mais ces Piéces fausses ne firent point de tort aux vraies ; sur lesquelles on décida.

Mais quand il fallut faire recevoir ce Concile par Charlemagne & par les Eglises de France, quel fut l'embarras du Pape ? Charles s'étoit déclaré hautement contre les Images. Il venoit de faire écrire les Livres qu'on nomme *Carolins*, dans lesquels ce culte est anathématifé. Il assembloit en 794 un Con-

Concile à Francfort, composé de 300 Evêques ou Abbés tant d'Italie que de France, qui rejettoit d'un consentement unanime le service & l'adoration des Images. Ce mot équivoque d'adoration étoit la source de tous ces différends : car si les hommes définissoient les mots dont ils se servent, il y auroit moins de disputes ; & plus d'un Royaume a été bouleversé pour un mal-entendu.

Tandis que le Pape Adrien envoye en France les Actes du second Concile de Nicée, il reçoit les Livres Carolins opposés à ce ce Concile, & on le presse au nom de Charles de déclarer hérétique l'Empereur de Constantinople & sa mére. On voit assez par cette conduite de Charles, qu'il vouloit se faire un nouveau droit de l'hérésie prétendue de l'Empereur pour lui enlever Rome sous couleur de justice.

Le Pape partagé entre le Con-

E 3   cile

cile de Nicée qu'il adoptoit & Charlemagne qu'il ménageoit, prit, me semble, un tempérament politique qui devroit servir d'exemple dans toutes ces malheureuses disputes qui ont toujours divisé les Chrétiens. Il explique les Livres Carolins d'une maniére favorable au Concile de Nicée, & par-là réfute le Roi sans lui déplaire ; il permet qu'on ne rende point de culte aux Images ; ce qui étoit très-raisonnable chez les Germains à peine sortis de l'Idolâtrie, & chez les François grossiers qui avoient peu de Sculpteurs & de Peintres. Il exhorte en même tems à ne point briser ces mêmes Images. Ainsi il satisfait tout le monde, & laisse au tems à confirmer ou à abolir un culte encore douteux. Attentif à ménager les hommes & à faire servir la Religion à ses intérêts, il écrit à Charlemagne : » Je ne peux » déclarer Iréne & son fils héré- » tiques après le Concile de Ni- » cée,

>> cée ; mais je les déclarerai tels
>> s'ils ne me rendent les biens de
>> Sicile «.

On voit la même prudence de
ce Pape dans une dispute encore
plus délicate, & qui seule eût suffi
en d'autres tems pour allumer des
guerres civiles. On avoit voulu savoir si le St. Esprit procéde du
Pére & du Fils, ou du Pére seulement ? Toute l'Eglise Grecque
avoit toujours cru qu'il ne procé-
doit que du Pére. Tout l'Empire
de Charlemagne croyoit la procef-
sion du Pére & du Fils. Ces mots
du Symbole *qui ex patre filioque
procedit*, étoient sacrés pour les
François ; mais ces mêmes mots
n'avoient jamais été adoptés à Rome. On preffe de la part de Charlemagne le Pape de se déclarer. Le
Pape répond qu'il eft de l'avis du
Roi, mais ne change rien au Symbole de Rome. Il appaife la difpute en ne décidant rien, en laiffant à chacun fes ufages. Il traite

E 4 en

en un mot les affaires spirituelles
en Prince, & trop de Princes les
ont traité en Evêques.

Dès lors la politique profonde
des Papes établissoit peu à peu leur
puissance.   Ce même Adrien fait
paroître adroitement au jour un
recueil des faux Actes connus aujourd'hui sous le nom de *fausses
Décretales*. Il ne se hazarde pas à
les donner lui-même. C'est un Espagnol nommé Isidore qui les di-
gére.   Ce sont les Evêques Allemans, dont la bonne foi fut trom-
pée, qui les répandent & les font
valoir. Dans ces fausses décretales
on suppose d'anciens Canons, qui
ordonnent qu'on ne tiendra jamais
un seul Concile Provincial sans la
permission du Pape; & que toutes
les Causes Ecclésiastiques ressorti-
ront à lui.   On y fait parler les
successeurs immédiats des Apôtres.
On leur suppose des écrits. Il est
vrai que tout étant de ce mauvais
stile du VIII. Siécle, tout étant
plein

plein de fautes contre l'Histoire &
la Géographie, l'artifice étoit grof-
fier ; mais c'étoit des hommes groffiers qu'on trompoit. Ces fauffes
Décrétales ont abufé les hommes
pendant huit fiécles ; & enfin quand
l'erreur a été reconnue, les ufages
par elle établis, ont fubfifté dans
une partie de l'Eglife : l'antiquité
leur a tenu lieu de vérité.

Dès ces tems les Evêques d'Occident étoient des Seigneurs temporels, & poffédoient plufieurs
Terres en fief, mais aucun n'étoit
Souverain indépendant. Les Rois
de France nommoient aux Evêchés ; plus hardis en cela & plus
politiques que les Empereurs des
Grecs, & les Rois de Lombardie,
qui fe contentoient d'interpofer
leur autorité dans les élections.

Les premiéres Eglifes Chrétiennes
s'étoient gouvernées en Républi-
ques fur le modéle des Synagogues.
Ceux qui préfidoient à ces affem-
blées, avoient pris infenfiblement

E 5

le

le titre d'Evêque d'un mot Grec, dont les Grecs appelloient les Gouverneurs de leurs Colonies. Les Anciens de ces assemblées se nommoient Prêtres, qui signifie en Grec *Vieillard.*

Charlemagne dans sa vieillesse accorda aux Evêques un droit dont son propre fils devint la victime. Ils firent accroire à ce Prince que dans le Code rédigé sous Thédose, une loi portoit que si de deux Séculiers en procès, l'un prenoit un Evêque pour juge, l'autre étoit obligé de se soumettre à ce jugement sans en pouvoir appeller. Cette loi qui jamais n'avoit été exécutée, passe chez tous les Critiques pour supposée. Elle a excité une guerre civile sourde entre les Tribunaux de la Justice & les Ministres du Sanctuaire ; mais comme en ce tems-là tout ce qui n'étoit pas Clergé étoit en Occident d'une ignorance profonde, il faut s'étonner qu'on n'ait pas donné encore plus

plus d'empire à ceux qui feuls étant un peu inftruits, fembloient feuls mériter de juger les hommes.

Ainfi que les Evêques difputoient l'autorité aux Séculiers, les Moines commençoient à la difputer aux Evêques, qui pourtant étoient leurs maîtres par les Canons. Ces Moines étoient déjà trop riches pour obéir. Cette célébre Formule de Marculfe étoit déjà bien fouvent mife en ufage : *Moi, pour le repos de mon ame, & pour n'être pas placé après ma morts parmi les boucs, je donne à tel Monaftére, &c.* Elle avoit enrichi ceux qui s'étoient confacrés à la pauvreté. Des Abbés Bénédictins longtems avant Charlemagne étoient affez puiffans pour fe révolter. Un Abbé de Fontenelle avoit ofé fe mettre à la tête d'un parti contre Charles Martel, & affembler des troupes. Le Héros fit trancher la tête au Religieux; exécution jufte, qui ne contribua pas peu à toutes ces révélations que tan: de Moines eurent depuis de la damnation de Charles Martel.

Avant ce tems on voit un Abbé de St. Remy de Rheims, & l'Evêque de cette Ville susciter une guerre civile contre Childebert au VI. Siécle : crime qui n'appartient qu'aux hommes puissans.

Les Evêques & les Abbés avoient beaucoup d'esclaves. On reproche à l'Abbé Alcuin d'en avoir eu jusqu'à vingt mille. Ce nombre n'est pas incroyable. Alcuin avoit trois Abbaïes, dont les terres pouvoient être habitées au moins par vingt mille hommes. Ces esclaves connus sous le nom de *serfs*, ne pouvoient se marier ni changer de demeure sans la permission de l'Abbé. Ils étoient obligés de marcher 50 lieues avec leurs charettes, quand il l'ordonnoit. Ils travailloient pour lui trois jours de la semaine, & il partageoit tous les fruits de la terre.

En

En France & en Allemagne plus d'un Evêque alloit au combat avec ses serfs. Charlemagne dans une Lettre à une de ses femmes, nommée Frastrade, lui parle d'un Evêque qui a vaillamment combattu auprès de lui, dans une bataille contre les Avares, Peuples descendus des Scytes, qui habitoient vers le Pays qu'on nomme à présent l'Autriche. Je vois de son tems 14 Monastéres qui doivent fournir des Soldats : pour peu qu'un Abbé fût guerrier, rien ne l'empêchoit de les conduire lui-même. Il est vrai qu'en 803 un Parlement se plaignit à Charlemagne du trop grand nombre de Prêtres qu'on avoit tué à la guerre. Il fut défendu alors aux Ministres de l'Autel d'aller aux combats. Il n'étoit pas permis de se dire Clerc sans l'être, de porter la tonsure sans appartenir à un Evêque. De tels Clercs s'appelloient *acéphales*. On les punissoit comme vagabonds. On ignoroit

E 7

cet

cet état aujourd'hui si commun, qui n'est ni Séculier ni Ecclésiastique. Le titre d'Abbé, qui signifie Pére, n'appartenoit qu'aux Chefs des Monastéres.

Les Abbés avoient dès - lors le Bâton Pastoral que portoient les Evêques, & qui avoit été autrefois la marque de la Dignité Pontificale dans Rome Payenne. Telle étoit la puissance de ces Abbés sur les Moines, qu'ils condamnoient quelquefois aux peines afflictives les plus cruelles. Ils furent les premiers qui prirent le barbare usage des Empereurs Grecs, de faire bruler les yeux; & il fallut qu'un Concile leur défendît cet attentat, qu'ils commençoient à regarder comme un droit.

La Messe étoit différente de ce qu'elle est aujourd'hui, & plus encore de ce qu'elle étoit dans les premiers tems.

La Confession Auriculaire commençoit à s'introduire. Les Evêques

ques exigérent d'abord que les Chanoines fe confeffaffent à eux. Les Abbés foumirent leurs Moines à ce joug, & les Séculiers peu à peu le portérent. La Confeffion publique ne fut jamais en ufage dans l'Occident ; car lorfque les Barbares embrafférent le Chriftianifme, les abus & les fcandales qu'elle entraînoit après elle, l'avoient abolie en Orient, fous le Patriarche Nectaire, à la fin du IV. Siécle ; mais fouvent les Pécheurs publics faifoient des pénitences publiques dans les Eglifes d'Occident, furtout en Efpagne, où l'invafion des Sarrazins redoubloit la ferveur des Chrétiens humiliés.

La Religion Chrétienne ne s'étoit point encore étendue au Nord plus loin que les conquêtes de Charlemagne. La Scandinavie, le Dannemarc, qu'on appelloit le *Pays des Normans*, étoient plongés dans une idolâtrie groffiére.

Ils

Ils adoroient Odin, & ils se figu-
roient qu'après leur mort le bonheur de l'homme consistoit à boire
dans la sale d'Odin de la biére dans
le crane de ses ennemis. On a encore de leurs anciennes chansons
traduites, qui expriment cette idée.
C'étoit beaucoup pour eux que de
croire une autre Vie. La Pologne
n'étoit ni moins barbare, ni moins
idolâtre.   Les Moscovites, plus
sauvages que le reste de la grande
Tartarie, en savoient à peine assez pour être Payens; mais tous
ces Peuples vivoient en paix dans
leur ignorance: heureux d'être inconnus à Charlemagne, qui vendoit si cher la connoissance du
Christianisme !

Les Anglois commençoient à
recevoir la Religion Chrétienne.
Elle y avoit été apportée un peu
auparavant par Constance Chlore,
protecteur secret de cette Religion
alors persécutée. Elle n'y domina
point, l'Idolâtrie eut le dessus encore

core longtems. Quelques Million-
naires des Gaules cultivérent grof-
fiérement un petit nombre de ces
Infulaires. Le fameux Pélage, trop
zélé défenfeur de la Nature Humaine, étoit né en Angleterre ;
mais il n'y fut point élevé, & il
faut le compter parmi les Romains.

L'Irlande qu'on appelloit *Ecoffe*, & l'Ecoffe connue alors fous
le nom d'*Albanie*, ou du *Pays
des Piftes*, avoit reçu auffi quelques femences du Chriftianifme,
étouffée toujours par l'Idolâtrie,
qui dominoit. Le Moine Colom-
ban né en Irlande, étoit du VI.
Siécle ; mais il paroît par fa retraite en France, & par les Monaftéres qu'il fonda en Bourgogne,
qu'il y avoit peu à faire & beaucoup à craindre pour ceux qui
cherchoient en Irlande & en Angleterre de ces établiffemens riches
& tranquiles, qu'on trouvoit ailleurs à l'abri de la Religion.

Après

Après une extinction presque totale du Christianisme dans l'Angleterre, l'Ecosse & l'Irlande, la tendresse conjugale l'y fit renaître. Ethelbert, un des Rois Barbares Anglo-Saxons de l'Eptarchie d'Angleterre, qui avoit son petit Royaume dans la Province de Kent, où est Cantorbery, voulut s'allier avec un Roi de France. Il épousa la fille de Chérébert Roi de Paris. Cette Princesse Chrétienne, qui passa la mer avec un Evêque de Soissons, disposa son mari à recevoir le bâteme, comme Clotilde avoit soumis Clovis. Le Pape Gregoire le Grand envoya Augustin avec d'autres Moines Romains en 598. Ils firent peu de conversions, car il faut au moins entendre la langue du Pays, pour en changer la Religion ; mais favorisés par la Reine ils bâtirent un Monastére.

Ce fut proprement la Reine qui convertit le petit Royaume de Cantorbery. Ses sujets Barbares,

qui

qui n'avoient point d'opinions, fuivirent aifément l'exemple de leurs Souverains. Cet Auguftin n'eut pas de peine à fe faire déclarer Primat par Gregoire le Grand. Il eût voulu même l'être des Gaules ; mais Gregoire lui écrivit qu'il ne pouvoit lui donner de jurifdiction que fur l'Angleterre. Il fut donc premier Archevêque de Cantorbery, premier Primat de l'Angleterre. Il donna à l'un de fes Moines le titre d'Evêque de Londres, à l'autre celui de Rochefter. On ne peut mieux comparer ces Evêchés, qu'à ceux d'Antioche & de Babylone, qu'on appelle Evêques in *partibus infidelium*. Mais avec le tems, la Hiérarchie d'Angleterre fe forma. Les Monaftéres fur-tout étoient très-riches au VIII. & au IX. Siécles. Ils mettoient au catalogue des Saints tous les grands Seigneurs qui leur avoient donné des terres, d'où vient que l'on trouve parmi leurs Saints de ce

tems-

tems-là, sept Rois, sept Reines, huit Princes, seize Princesses. Leurs Chroniques disent que dix Rois & onze Reines finirent leurs jours dans des Cloîtres ; mais il est croyable que ces dix Rois & ces onzes Reines se firent seulement revêtir à leur mort d'habits religieux, & peut-être porter à leurs derniéres maladies dans des Couvens, mais non pas qu'en effet ils ayent en santé renoncé aux affaires publiques, pour vivre en Cénobites.

SUITE DES USAGES

DU TEMS DE

CHARLEMAGNE,

DE LA JUSTICE, DES LOIX ET COUTUMES SIN-GULIERES.

LA Justice se rendoit ordinaire-ment par les Comtes nom-més par le Roi. Ils avoient leurs districts assignés. Ils devoient être instruits des loix, qui n'étoient ni si difficiles ni si nombreuses, que les nôtres. La procédure étoit sim-ple; chacun plaidoit sa cause en France & en Allemagne. Rome seule & ce qui en dépendoit, avoit encore retenu beaucoup de loix & de formalités de l'Empire Romain. Les Loix Lombardes avoient lieu dans le reste de l'Italie citérieure.

Chaque Comte avoit sous lui

un

un Lieutenant, nommé *Viguier*, sept Assesseurs, *Scabini*, & un Greffier, *Notarius*. Les Comtes publioient dans leur jurisdiction l'ordre des marches pour la guerre, enrolloient les soldats sous des Centeniers, les menoient aux rendez-vous, & laissoient alors leurs Lieutenans faire les fonctions de Juges.

Les Rois envoyoient des Commissaires avec Lettres expresses, *Missi Dominici*, qui examinoient la conduite des Comtes. Ni ces Commissaires, ni ces Comtes ne condamnoient presque jamais à la mort, ni à aucun suplice; car si on en excepte la Saxe, où Charlemagne fit des Loix de sang, presque tous les délits se rachetoient dans le reste de son Empire. Le seul crime de rebellion étoit puni de mort, & les Rois s'en réservoient le jugement. La Loi Salique ou Ripuaire, celle des Lombards, avoient évalué à prix d'ar-

d'argent la plupart des autres at-
tentats.

Leur Jurisprudence qui paroît
humaine, étoit en effet plus cruelle que la nôtre. Elle laiſſoit la liberté de mal faire à quiconque pouvoit la payer. La plus douce loi
eſt celle qui mettant le frein le
plus terrible à l'iniquité, prévient
ainſi le plus de crimes.

Par les anciennes *Loix Ripuai-*
res rédigées ſous Théodoric, & depuis ſous le Roi des Francs Dagobert, il en coutoit cent ſous pour
avoir coupé une oreille à un homme; & ſi la ſurdité ne ſuivoit pas,
on étoit quitte pour cinquante
ſous.

Le troiſiéme Chapitre de la *Loi*
Ripuaire permettoit au meurtrier
d'un Evêque de racheter ſon crime avec autant d'or qu'en pouvoit
peſer une tunique de plomb, de la
hauteur du coupable, & d'une épaiſ-
ſeur déterminée.

La *Loi Salique* remiſe en vigueur

gueur sous Charlemagne, fixe le prix de la vie d'un Evêque à neuf cens sous d'or.

On donnoit la question, mais seulement aux esclaves ; & celui qui avoit fait mourir dans les tourmens de la question l'esclave innocent d'un autre Maître, étoit obligé de lui en donner deux pour toute satisfaction.

Charlemagne qui corrigea les *Loix Saliques* & *Lombardes*, ne fit que hausser le prix des crimes. Ils étoient tous spécifiés. On distinguoit ce que valoit un coup qui avoit ôté seulement un os de la tête, d'avec un coup qui laissoit voir la cervelle.

Je trouve qu'une Sorciére convaincue d'avoir mangé de la chair humaine, étoit condamnée à deux cent sous : cet article est un témoignage bien humiliant pour la Nature Humaine.

Il en coutoit sept cens sous pour le meurtre d'une Femme grosse,

deux

deux cens pour celui d'une Fille non encore adulte.

Tous les outrages à la pudicité avoient aussi leurs prix fixes. Le rapt d'une Femme non mariée ne valoit que deux cens sous. Si on avoit violé une Fille sur le grand-chemin on ne payoit que quarante sous, & on la rendoit à son Maître. De ces Loix barbares la plus sévére étoit précisément celle qui devoit être la plus douce. Charlemagne lui-même au VI. Livre de ses *Capitulaires*, dit, que d'épouser sa Comére est un crime digne de mort, & qui ne peut se racheter qu'en passant toute sa vie en pélérinage.

Parmi ces *Loix Saliques*, il s'en trouve une qui marque bien expressément dans quel mépris étoient tombés les Romains chez les Peuples barbares. Le Franc qui avoit tué un Citoyen Romain, ne payoit que mille cinquante deniers, & le Romain payoit pour le sang d'un

Tom. I.   F   Franc

Franc deux mille cinq cens deniers.

Dans les Caufes criminelles in-décifes , on fe purgeoit par fer-ment. Il falloit non feulement que la partie accufée jurât , mais elle étoit obligée de produire un cer-tain nombre de témoins qui ju-roient avec elle. Quand les deux parties oppofoient ferment à fer-ment , on permettoit quelquefois le combat , mais ce combat n'étoit point ce qu'on appella depuis *com-bat à outrance.*

Ces combats étoient appellés , comme on fait , *le jugement de Dieu* ; c'eft auffi le nom qu'on don-noit à une des plus déplorables fo-lies de ce Gouvernement barbare. Les accufés étoient foumis à l'é-preuve de l'eau froide , de l'eau bouillante , ou du fer ardent. Le célébre Etienne Baluze a raffemblé toutes les anciennes cérémonies de ces épreuves. Elles commençoient par la Meffe ; on y communioit l'accufé ; on béniffoit l'eau froide ,

on

on l'exorcifoit. Enfuite l'accufé étoit jetté, garotté, dans l'eau : s'il tomboit au fond, il étoit réputé innocent ; s'il furnageoit, il étoit jugé coupable. Mr. de Fleury, dans fon *Hiſtoire Eccléſiaſtique*, dit que c'étoit une maniére fure de ne trouver perfonne criminel. J'ofe croire que c'étoit une maniére de faire périr beaucoup d'innocens. Il y a bien des gens qui ont la poitrine affez large & les poûmons affez légers, pour ne point enfoncer, lorfqu'une groffe corde qui les lie avec plufieurs tours, fait avec leur corps un volume moins pefant qu'une pareille quantité d'eau. Cette malheureufe coutume, profcrite depuis dans les grandes Villes, s'eft confervée jufqu'à nos jours dans beaucoup de Provinces. On y a très-fouvent affujetti même par fentence du Juge, ceux qu'on faifoit paffer pour Sorciers ; car rien ne dure fi long-tems que la Superftition, & il en a couté la vie à plus d'un malheureux.

Le jugement de Dieu par l'eau chaude s'exécutoit en faisant plonger le bras nud de l'accusé dans une cuve d'eau bouillante. Il falloit prendre au fond de la cuve un anneau béni. Le Juge en présence des Prêtres & du Peuple enfermoit dans un sac le bras du patient, scelloit le sac de son cachet, & si trois jours après il ne paroissoit sur le bras aucune marque de brulure, l'innocence étoit reconnue.

Tous les Historiens rapportent l'exemple de la Reine Teutberge, bru de l'Empereur Lothaire petit-fils de Charlemagne, accusée d'avoir commis un inceste avec son frére Moine & Soudiacre. Elle nomma un champion qui se soumit pour elle à l'épreuve de l'eau bouillante, en présence d'une Cour nombreuse. Il prit l'anneau béni sans se bruler. Plusieurs hommes crédules, fondés sur de telles his-
toi-

toires, pensent qu'il y a des secrets
qui peuvent rendre la peau insen-
sible à l'action de l'eau bouillante ;
mais il n'y en a aucun ; & tout ce
qu'on peut dire sur cette avanture,
& sur-toutes celles qui lui ressem-
blent, c'est qu'elles ne sont pas
vraies, ou que les Juges fermoient
les yeux sur les artifices dont on se
servoit , pour faire croire qu'on
plongeoit la main dans l'eau chaude ; car on pouvoit aisément faire
une cuve à double fond , l'air
échauffé pouvoit par des tuyaux
soulever l'eau à peine tiéde & la
faire paroître bouillante. Il y a
bien des maniéres de tromper, mais
aucune d'être invulnérable.

La troisiéme épreuve étoit celle
d'une barre de fer ardent , qu'il
falloit porter dans la main l'espace
de neuf pas. Il étoit plus difficile
de tromper dans cette épreuve que
dans les autres, aussi je ne vois
personne qui s'y soit soumis dans
ces siécles grossiers.

F 3

A

A l'égard des Loix Civiles, voici ce qui me paroît de plus remarquable. Un homme qui n'avoit point d'enfans, pouvoit en adopter. Les époux pouvoient se répudier en Justice, & après le divorce il leur étoit permis de passer à d'autres nôces. Nous avons dans Marculfe le détail de ces Loix.

Mais ce qui paroîtra peut-être plus étonnant, & ce qui n'en est pas moins vrai, c'est qu'au Livre II. de ces Formules de Marculfe, on trouve que rien n'étoit plus permis ni plus commun que de déroger à cette fameuse *Loi Salique*, par laquelle les Filles n'héritoient pas. On amenoit sa fille devant le Comte ou le Commissaire, & on disoit : » Ma chére fille, un usage
» ancien & impie ôte parmi nous
» toute portion paternelle aux fil-
» les ; mais ayant considéré cette
» impiété, j'ai vu que, comme vous
» m'avez été donnés tous de Dieu
» également, je dois vous aimer
» de

« de même; ainsi, ma chére fille,
« je veux que vous héritiez par
« portion égale avec vos fréres
« dans toutes mes Terres, &c ".

On ne connoissoit point chez les Francs qui vivoient suivant la *Loi Salique* & *Ripuaire*, cette distinction de Nobles & de Roturiers, de Nobles de nom & d'armes, & de Nobles *ab avo* ou gens vivant noblement. Il n'y avoit que deux ordres de Citoyens, les Libres & les Serfs, à peu près comme aujourd'hui dans les Empires Mahométans & à la Chine.

 LOUIS

LOUIS
LE
DEBONNAIRE.

L'Histoire des grands événemens de ce Monde n'est guéres que l'Histoire des crimes. Je ne vois point de siécle que l'ambition des Séculiers & des Ecclésiastiques n'ait rempli d'horreurs.

A peine Charlemagne est-il au tombeau, qu'une guerre civile désole sa Famille & l'Empire.

Les Archevêques de Milan & de Crémone allumérent les premiers feux. Leur prétexte est que Bernard, Roi d'Italie, est le Chef de la Maison Carlovingienne, le fils de l'aîné de Charlemagne. On voit assez la véritable raison de cette fureur de remuer, & dans cette fré-
néſie

néſie, l'ambition qui s'autoriſe toujours des Loix mêmes faites pour la reprimer. Un Evêque d'Orléans entre dans leurs intrigues, l'oncle & le neveu lévent des armées. On eſt prêt d'en venir aux mains à Châlons ſur Saone, mais le parti de l'Empereur gagne par argent & par promeſſes la moitié de l'armée d'Italie. On négocie, c'eſt-à-dire on veut tromper. Le Roi eſt aſſez imprudent pour venir dans le camp de ſon oncle. Louis qu'on a nommé *le Débonnaire*, parce qu'il étoit foible, & qui fut cruel par foibleſſe, fait crever les yeux à ſon neveu, qui lui demandoit grace à genoux. Le malheureux Roi meurt dans les tourmens du corps & de l'eſprit, trois jours après cette exécution cruelle. Alors Louis fait tondre & enfermer dans un Monaſtére ſes trois fréres, dans la crainte qu'un jour le ſang de Charlemagne, trop reſpecté en eux, ne ſuſcitât des guer-

F 5

res.

res. Ce ne fut pas tout. L'Empereur fait arrêter tous les partifans de Bernard, que ce Roi avoit nommés fous l'efpoir de fa grace. Ils éprouvent le même fuplice que le Roi. Les Eccléfiaftiques font exceptés de la fentence. On les épargne, eux qui étoient les auteurs de la guerre. La dépofition ou l'exil font leur feul châtiment. Louis ménageoit l'Eglife, & l'Eglife fit bientôt fentir qu'il faut être ferme pour être refpecté.

Dès l'an 817 Louis avoit fuivi le mauvais exemple de fon pére, en donnant des Royaumes à fes enfans; & n'ayant ni le courage d'efprit de fon pére, ni l'autorité que ce courage donne, il s'expofoit à l'ingratitude. Oncle barbare & frére trop dur, il fut un pére trop facile.

Ayant affocié à l'Empire fon fils aîné, Lothaire, donné l'Aquitaine au fecond nommé Pepin, la Baviére à Louis fon troifiéme fils, il
lui

luï reſtoit un jeune enfant d'une nouvelle femme. C'eſt ce Charles le Chauve, qui fut depuis Empereur. Il voulut après le partage, ne pas laiſſer ſans Etat cet enfant d'une femme qu'il aimoit.

Une des ſources du malheur de Louis le Débonnaire, & de tant de deſaſtres plus grands qui depuis ont affligé l'Europe, fut cet abus qui commençoit à naître, d'accorder de la puiſſance dans le monde à ceux qui ont renoncé au monde.

Cette ſcéne mémorable commença par un Moine nommé Vala : c'étoit un de ces hommes qui prennent la dureté pour la vertu, & l'opiniâtreté pour la conſtance ; qui fiers d'une dévotion mal entendue, ſe croient en droit d'éclater avec ſcandale contre des abus moins grands, que celui qui leur laiſſe cette liberté ; & qui factieux par zéle penſent remplir leur de-
F 6 voir,

voir, en faisant le mal avec un air de Christianisme.

Dans un Parlement tenu en 823 à Aix-la-chapelle, Parlement où étoient entrés les Abbés, parce qu'ils étoient Seigneurs de grandes Terres, ce Vala reproche publiquement à l'Empereur tous les desordres de l'Etat : » C'est vous, lui » dit-il, qui en êtes coupable ". Il parle ensuite en particulier à chaque membre du Parlement avec plus de sédition. Il ose accuser l'Impératrice Judith d'adultére. Il veut prévenir & empêcher les dons que l'Empereur veut faire à ce fils, qu'il a eu de l'Impératrice. Il deshonore & trouble la Famille Royale, & par conséquent l'Etat, sous prétexte du bien de l'Etat même.

Enfin l'Empereur irrité renvoie Vala dans son Monastére, dont il n'eut jamais dû sortir. Il se résout pour satisfaire sa femme, à donner à son fils une petite partie de l'Alemalemagne vers le Rhin, le Pays des Suisses & la Franche-Comté.

Si dans l'Europe les Loix avoient été fondées sur la puissance paternelle ; si les esprits eussent été pénétrés de la nécessité du respect filial comme du premier de tous les devoirs, ainsi que je l'ai remarqué de la Chine, les trois enfans de l'Empereur, qui avoient reçu de lui des couronnes, ne se feroient point révolté contre leur pére, qui donnoit un héritage à un enfant du second lit.

D'abord ils se plaignirent : aussi-tôt le Moine de Corbie se joint à l'Abbé de Saint Denis, plus factieux encore, & qui ayant les Abbaïes de Saint Médard de Soissons & de Saint Germain - des - prez, pouvoit lever des troupes, & en leva ensuite. Les Evêques de Vienne, de Lyon, d'Amiens, unis à ces Moines, poussent les Princes à la guerre civile, en déclarant rebelles à Dieu, à l'Eglise, ceux qui

 ne

ne seront pas de leur parti. Envain Louis le Débonnaire, au lieu
d'assembler des armées, convoque
quatre Conciles, dans lesquels on
fait de bonnes & d'inutiles Loix.
Ses trois fils prennent les armes.
C'est, je crois, la premiére fois
qu'on a vu trois enfans soulevés
ensemble contre leur pére. L'Empereur arme à la fin. On voit deux
camps remplis d'Evêques, d'Abbés & de Moines. Mais du côté
des Princes est le Pape Gregoire
IV. dont le nom donne un grand
poids à leur parti. C'étoit déjà
l'intérêt des Papes d'abaisser les
Empereurs. Déjà un Etienne, prédécesseur de Gregoire, s'étoit in-
stalé dans la Chaire Pontificale
sans l'agrément de Louis le Débonnaire. Brouiller le pére avec les enfans, sembloit le moyen de s'agrandir sur leurs ruines. Le Pape Gregoire vient donc en France, & me-
nace l'Empereur de l'excommunier. Cette cérémonie d'excommu-
nica-

nication n'emportoit pas encore l'idée qu'on voulut lui attacher depuis. On n'ofoit pas prétendre qu'un excommunié dût être privé de fes biens par la feule excommunication. Mais on croyoit rendre un homme exécrable, & rompre par ce glaive tous les liens qui peuvent attacher les hommes à lui.

Les Evêques du parti de l'Empereur fe fervirent de leur droit, & font dire courageufement au Pape: SI EXCOMMUNICATURUS VENIET, EXCOMMUNICATUS ABIBIT, *S'il vient pour excommunier, il retournera excommunié lui-même.* Ils lui écrivent avec fermeté, en le traitant à la vérité de Pape, mais en même tems de Frère. Gregoire plus fier encore leur mande : » Le terme de Frére fent » trop l'égalité ; tenez - vous en à » celui de Pape ; reconnoiffez ma » fupériorité ; fachez que l'autorité » de ma chaire eft au - deffus de » celle du trône de Louis ". Enfin il élude dans cette Lettre le ferment qu'il a fait à l'Empereur fon Maître.

Au milieu de cette guerre on négocie. La fupériorité devoit donc être du côté du Pape. Il étoit Prêtre & Italien ; Louis étoit foible. Le Pontife le va trouver dans fon camp. Il y a le même avantage que Louis avoit autrefois fur Bernard. Il féduit fes troupes. A peine le Pape eft-il forti du camp, que la nuit même la moitié des Troupes Impériales paffe du côté de Lothaire fon fils. Cette défertion arriva près de Bâle, & la Plaine où le Pape avoit négocié, s'appelle encore le *Champ du menfonge*. Alors le Monarque malheureux fe rend prifonnier à fes fils rebelles, avec fa femme Judith, objet de leur haine. Il leur livre fon fils Charles âgé de dix ans, prétexte innocent de la guerre. Dans des tems plus barbares, comme fous Clovis & fes enfans, ou dans

un

un Pays tel que Conſtantinople, je ne ſerois point ſurpris qu'on eût fait périr Judith & ſon fils, & même l'Empereur. Les Vainqueurs ſe contentérent de faire raſer l'Impératrice, de la mettre en priſon en Lombardie, de renfermer le jeunes Charles dans le Couvent de Prum, au milieu de la Forêt des Ardennes, & de détrôner leur pére. Il me ſemble, qu'en liſant le déſaſtre de ce pére trop bon, on reſſent au moins une ſatisfaction ſecréte, quand on voit que ſes fils ne furent guéres moins ingrats envers cet Abbé Vala, le premier auteur de ces troubles, & envers le Pape qui les avoit ſi bien ſoutenus. On voit avec plaiſir le Pape retourner à Rome, mépriſé des Vainqueurs, & Vala ſe renfermer dans un Monaſtére en Italie.

Lothaire d'autant plus coupable qu'il étoit aſſocié à l'Empire, traîne ſon pére priſonnier à Compiégne. Il y avoit alors un abus fu-
neſte,

nefte , introduit dans l'Eglife , qui défendoit de porter les armes & d'exercer les fonctions civiles pendant le tems de la pénitence publique. Ces pénitences étoient rares , & ne tomboient guéres que fur quelques malheureux de la lie du peuple. On réfolut de faire fubir à l'Empereur ce fuplice infamant, fous le voile d'une humiliation Chrétienne & volontaire , & de lui impofer une pénitence perpétuelle , qui le dégraderoit pour toujours.

Louis eft intimidé. Il a la lâcheté de condefcendre à cette propofition qu'on a la hardieffe de lui faire. Un Archevêque de Rheims, nommé Elbon, tiré de la condition fervile, malgré les Loix élevé à cette dignité par Louis même , dépofe ainfi fon Souverain & fon bienfaicteur. On fait comparoître le Souverain entouré de trente Evêques, de Chanoines, de Moines, dans l'Eglife de Notre Dame
de

de Soiſſons. Lothaire ſon fils préſent y jouit de l'humiliation de ſon pére. On fait étendre un cilice devant l'autel. L'Archevêque ordonne à l'Empereur d'ôter ſon baudrier, ſon épée, ſon habit, & de ſe proſterner ſur ce cilice. Louis le viſage contre terre, demande lui-même la pénitence publique, qu'il ne méritoit que trop en s'y ſoumettant. L'Archevêque le force de lire à haute voix un papier, dans lequel il s'accuſe de ſacrilége & d'homicide. Le malheureux lit poſément la liſte de ſes crimes, parmi leſquels il eſt ſpécifié qu'il avoit fait marcher ſes troupes en Carême, & indiqué un Parlement un Jeudi Saint. On dreſſe un procès verbal de toute cette action : monument encore ſubſiſtant d'inſolence & de baſſeſſe. Dans ce procès verbal on ne daigne pas ſeulement nommer Louis du nom d'Empereur : il y eſt appellé DOMINUS LUDOVICUS, *noble homme, vénérable homme.* Louis

Louis fut enfermé un an dans une cellule du Couvent de Saint Médard de Soiſſons, vétu du ſac de pénitent, ſans domeſtiques, ſans conſolation, mort pour le reſte du monde. S'il n'avoit eu qu'un fils, il étoit perdu pour toujours ; mais ſes trois enfans diſputant ſes dépouilles, leur deſunion rendit au pére ſa liberté & ſa couronne.

834. Transféré à Saint Denis, deux de ſes fils, Louis & Pepin, vinrent le rétablir, & remettre entre ſes bras ſa femme & ſon fils Charles.

835. L'Aſſemblée de Soiſſons eſt anathématiſée par une autre à Thionville ; mais il n'en couta à l'Archevêque de Rheims que la perte de ſon Siége, encore fut-il jugé dépoſé dans la Sacriſtie. L'Empereur l'avoit été en public aux pieds de l'Autel. Quelques Evêques furent dépoſés auſſi. L'Empereur ne put ou n'oſa les punir davantage.

Bientôt après un de ces mêmes enfans qui l'avoient rétabli, Louis
de

de Baviére, se révolta encore. Le malheureux pére mourut de chagrin dans une tente auprès de Mayence, en disant : *Je pardonne à Louis, mais qu'il sache qu'il m'a donné la mort.*

20 Juin 840.

Il confirma solemnellement par son testament la donation de Pepin & de Charlemagne à l'Eglise de Rome. Il y ajoûta la Corse, la Sardaigne & la Sicile. Dons inutiles autant que pieux : les Mahométans, comme je le dirai, envahissoient déjà ces Provinces.

Les présens de l'Istrie, de Bénévent, du Territoire de Venise, faits par Charlemagne, n'ont pas eu plus d'effet. Ils étoient occupés par des Seigneurs particuliers, qui s'en disputoient la propriété. C'étoit en effet donner aux Papes des Terres à conquérir.

ETAT

ETAT DE L'EUROPE
APRE'S LA MORT
DE LOUIS LE
DEBONNAIRE.

BIentôt après la mort du fils de Charlemagne fon Empire éprouva ce qui étoit arrivé à celui d'Alexandre, & que nous verrons bientôt être la deftinée de celui des Califes. Fondé avec précipitation, il s'écroûla de même, les guerres inteftines le diviférent.

Il n'eft pas furprenant que des Princes qui avoient détrôné leur pére, fe foient voulu exterminer l'un l'autre. C'étoit à qui dépouilleroit fon frére. Lothaire, Empereur, vouloit tout. Charles le Chauve Roi de France & Louis Roi de Baviére s'uniffent contre lui.

Un

Un fils de Pepin, ce Roi d'Aquitaine, fils du Débonnaire, & devenu Roi après la mort de son pére, se joint à Lothaire. Ils désolent l'Empire, ils l'épuisent de soldats. Enfin deux Rois contre deux Rois, dont trois sont fréres, & dont l'autre est leur neveu, se livrent une bataille à Fontenay dans l'Auxerrois, dont l'horreur est digne des guerres civiles. Plusieurs Auteurs assurent qu'il y périt cent mille hommes. Il est vrai que ces Auteurs ne sont pas contemporains, & que du moins il est permis de douter que tant de sang ait été répandu. L'Empereur Lothaire fut vaincu. Il donna alors au monde l'exemple d'une politique toute contraire à celle de Charlemagne.

Le Vainqueur des Saxons les avoit assujettis au Christianisme comme à un frein nécessaire. Quelques révoltes & de fréquens retours à leur culte avoient marqué leur horreur pour une Religion
qu'ils

qu'ils regardoient comme leur châtiment. Lothaire pour se les attacher, leur donne une liberté entiére de conscience. La moitié du Pays redevint idolâtre, mais fidéle à son Roi. Cette conduite & celle de Charlemagne son grand-pére, firent voir aux hommes combien diversement les Princes plient la Religion à leurs intérêts.

Les disgraces de Lothaire en fournirent une autre exemple : ses deux fréres, Charles le Chauve & Louis de Baviére, assemblérent un Concile d'Evêques & d'Abbés à Aix-la-chapelle. Ces Prélats d'un commun accord déclarérent Lothaire déchu de son droit à la couronne, & ses sujets déliés du serment de fidélité : *Promettez-vous de mieux gouverner que lui ?* disent-ils aux deux fréres Charles & Louis : *Nous le promettons*, répondirent les deux Rois : *Et nous*, dit l'Evêque qui présidoit, *nous vous permettons par l'autorité divine,*

&

*& nous vous commandons de régner
à sa place.*

En voyant les Evêques ainsi donner les couronnes, on se trompe-
roit, si on croyoit qu'ils fussent
alors tels que des Electeurs de l'Empire Ils étoient puissans à-la-vérité, mais aucun n'étoit Souverain.
L'autorité de leur caractére & le
respect des peuples étoient des instrumens dont les Rois se servoient à leur gré. Il y avoit dans
ces Ecclésiastiques bien plus de foiblesse que de grandeur à décider
ainsi du droit des Rois suivant les
ordres du plus fort.

On ne doit pas être surpris, que
quelques années après un Archevêque de Sens avec vingt autres
Evêques ait osé dans des conjonctures pareilles déposer Charles le
Chauve, Roi de France. Cet attentat fut commis pour plaire à
Louis de Baviére. Ces Monarques,
aussi méchans Rois que fréres dénaturés, ne pouvant se faire périr

Tome I.   G   l'un

l'un l'autre, se faisoient anathématiser tour à tour ; mais ce qui surprend, c'est ce que ce même Charles le Chauve exprime dans un Ecrit qu'il daigna publier contre l'Archevêque de Sens : *Au moins cet Archevêque ne devoit pas me déposer avant que j'eusse comparu devant les Evêques qui m'avoient sacré Roi ; il falloit qu'auparavant j'eusse subi leur jugement, ayant toujours été prêt à me soumettre à leurs corrections paternelles & à leur châtiment.* La race de Charlemagne réduite à parler ainsi, marchoit visiblement à sa ruine.

Je reviens à Lothaire, qui avoit toujours un grand parti en Germanie, & qui étoit maître paisible en Italie. Il passe les Alpes, fait couronner son fils Louis, qui vient juger dans Rome le Pape Sergius II. Le Pontife comparoît, répond juridiquement aux accusations d'un Evêque de Mets, se justifie,

844.

tifie, & prête ensuite serment de
fidélité à ce même Lothaire déposé
par ses Evêques.   Lothaire même
fit cette célébre & inutile Ordon-
nance; que pour éviter les séditions
trop fréquentes, le Pape *ne sera plus
élu par le Peuple*, & que l'on aver-
tira l'Empereur de la vacance du
Saint Siége.

Cette sentence ne fut qu'un scandale de plus ajouté aux désolations
de l'Europe.   Les Provinces depuis
les Alpes au Rhin ne savoient plus
à qui elles devoient obéir.   Les Villes changeoient chaque jour de
tyrans, les Campagnes étoient ra-
vagées tour à tour par différens
partis.   On n'entendoit parler que
de combats, & dans ces combats
il y avoit toujours des Moines, des
Abbés, des Evêques qui périssoient
les armes à la main.   Hugues, un
des fils de Charlemagne, forcé ja-
dis à être Moine, & depuis Abbé
de Saint Quentin, fut tué devant
Touloufe avec l'Abbé de Ferrié-

G 2

re,

re, deux Evêques y furent faits prisonniers.

Cet incendie s'arrêta un moment, pour recommencer avec fureur. Les trois freres Lothaire, Charles & Louis firent de nouveaux partages, qui ne furent que de nouveaux sujets de division & de guerre.

L'Empereur Lothaire, après avoir bouleversé l'Europe sans sujet & sans gloire, se sentant affoibli, vint se faire Moine dans l'Abbaïe de Prum. Il ne vécut dans le froc que six jours, & mourut imbécile après avoir vécu en tyran.

A la mort de ce troisiéme Empereur d'Occident il s'éleva de nouveaux Royaumes en Europe, comme des monceaux de terre après les secousses d'un grand tremblement.

Un autre Lothaire, fils de cet Empereur donna son nom de *Lotharinge* à une assez grande étendue de Pays nommé depuis par
con-

contraction *Lorraine*, entre le Rhin, l'Efcaut, la Meufe & la Mer.   Le Brabant fut appellé *la baffe Lorraine*, le refte fut connu fous le nom de *la haute*.   Aujourd'hui de cette haute Lorraine, il ne refte qu'une petite Province de ce nom réunie depuis peu à la Couronne de France.

Un fecond fils de l'Empereur Lothaire, nommé Charles, eut la Savoye, le Dauphiné, une partie du Lyonnois, de la Provence, & du Languedoc.   Cet Etat compofa le Royaume d'Arles du nom de la Capitale, Ville autrefois opulente & embellie par les Romains ; mais alors petite & pauvre, ainfi que toutes les Villes en deçà des Alpes.

Un Barbare, qu'on nomme *Salomon*, fe fit bientôt après Roi de la Bretagne, dont une partie étoit encore Payenne : mais tous ces Royaumes tombérent auffi promtement qu'ils furent élevés.

G 3

Le

Le fantôme d'Empire Romain subsistoit. Louis, second fils de Lothaire, qui avoit eu en partage une partie de l'Italie, fut proclamé Empereur par Sergius II. en 855. Il fut le seul de tous ces Empereurs qui fixa son séjour à Rome ; mais il ne possédoit pas la neuviéme partie de l'Empire de Charlemagne, & n'avoit en Italie qu'une autorité contestée par les Papes & par les Ducs de Bénévent, qui possédoient alors un Etat considérable.

Après sa mort arrivée en 875, si la Loi Salique avoit été en vigueur dans la Maison de Charlemagne, c'étoit à l'aîné de la Maison qu'appartenoit l'Empire. Louis de Baviére, aîné de Charlemagne, devoit succéder à son neveu mort sans enfans ; mais des troupes & de l'argent firent les droits de Charles le Chauve. Il ferma les passages des Alpes à son frére, & se hâta d'aller à Rome avec quelques troupes.

pes. Reginon, les Annales de Mets & de Fulden affurent qu'il acheta l'Empire du Pape Jean VIII. Le Pape non feulemenr fe fit payer, mais profitant de la conjoncture il donna l'Empire en Souverain, & Charles le reçut en Vaffal, proteftant qu'il le tenoit du Pape, ainfi qu'il avoit protefté auparavant en France en 859, qu'il devoit fubir le jugement des Evêques, laiffant toujours avilir fa dignité pour en jouir.

Sous lui l'Empire Romain étoit donc compofé de la France & de l'Italie. On dit qu'il mourut empoifonné par fon Médecin, un Juif nommé Sédécias; mais perfonne n'a jamais dit par quelle raifon ce Médecin commit ce crime. Que pouvoit-il gagner en empoifonnant fon Maître? Auprès de qui eût-il trouvé une plus belle fortune? Aucun Auteur ne parle du fupplice de ce Médecin. Il faut donc douter de l'empoifonnement, & faire ré-

G 4

flexion

flexion feulement, que l'Europe Chrétienne étoit fi ignorante, que les Rois étoient obligés de chercher pour leurs Médecins des Juifs & des Arabes.

On vouloit toujours faifir cette ombre d'Empire Romain, & Louis le Bègue Roi de France, fils de Charles le Chauve, le difputoit aux autres defcendans de Charlemagne. C'étoit toujours au Pape qu'on le demandoit. Un Duc de Spoléte, un Marquis de Tofcane, inveftis de ces Etats par Charles le Chauve, fe faifirent du Pape Jean VIII. & pillérent une partie de Rome, pour le forcer, difoient-ils, à donner l'Empire au Roi de Baviére, Carloman l'aîné de la race de Charlemagne. Non feulement le Pape Jean VIII. étoit ainfi perfécuté dans Rome par les Italiens, mais il venoit, en 877, de payer vingt-cinq mille livres pefant d'argent aux Mahométans poffeffeurs de la Sicile & du Garillan. C'étoit l'ar-

gent

gent dont Charles le Chauve avoit acheté l'Empire. Il paſſa bientôt des mains du Pape en celles des Sarrazins, & le Pape même ſigna un Traité autentique de leur en payer autant tous les ans.

Cependant Ce Pontife tributaire des Muſulmans & priſonnier dans Rome, s'échappe, s'embarque, paſſe en France. Il vient ſacrer Empereur Louis le Bègue dans la Ville de Troyes, à l'exemple de Léon III. d'Adrien & d'Etienne III. perſécutés chez eux, & donnant ailleurs des Couronnes.

Sous Charles le Gros, Empereur & Roi de France, la déſolation de l'Europe redoubla. Plus le ſang de Charlemagne s'éloignoit de ſa four- ce, & plus il dégénéroit. Char- les le Gros fut déclaré incapable de régner par une aſſemblée de Sei- gneurs François & Allemands, qui le dépoſérent auprès de Mayence dans une Diéte convoquée par lui- même. Ce ne ſont point ici des Evê-

887.

G 5

ques,

ques, qui en servant la passion d'un Prince, semblent disposer d'une couronne ; ce furent les principaux qui crurent avoir le droit de nommer celui qui devoit les gouverner, & combattre à leur tête. On dit que le cerveau de Charles le Gros étoit affoibli. Il le fut toujours sans-doute, puisqu'il se mit au point d'être détrôné sans résistance ; de perdre à la fois l'Allemagne, la France & l'Italie, & de n'avoir enfin pour subsistance que la charité de l'Archevêque de Mayence, qui daigna le nourrir. Il paroît bien qu'alors l'ordre de la succession étoit compté pour rien, puisqu'Arnould, bâtard de Carlomand, fils de Louis le Bègue, fut déclaré Empereur, & qu'Eudes ou Odon Comte de Paris fut Roi de France. Il n'y avoit alors ni droit de naissance, ni droit d'élection reconnu. L'Europe étoit un cahos dans lequel le plus fort s'élevoit sur les ruines du plus foible, pour être ensuite précipité par d'autres.

DES

DES NORMANDS
VERS
LE IX. SIECLE.

IL est difficile de dire quel Pays de l'Europe étoit alors plus mal gouverné & plus malheureux. Tout étant divisé, tout étoit foible. Cette confusion ouvrit un passage aux Peuples de la Scandinavie & aux habitans des bords de la Mer Baltique. Ces Sauvages trop nombreux n'ayant à cultiver que des terres ingrates, manquant de Manufactures & privés d'Arts, ne cherchoient qu'à se répandre loin de leur patrie. Le brigandage & la piraterie leur étoit nécessaire, comme le carnage aux bêtes féroces. En Allemagne on les appelloit sans distinction, *Normands*, *Hommes du Nord*, comme nous disons encore en général les *Corsai-*

res

res de Barbarie. Dès le IV. Siécle ils se mêlerent aux flots des autres Barbares, qui portérent la désolation jusqu'à Rome & en Afrique. On a vu que resserrés sous Charlemagne, ils craignirent l'esclavage. Dès le tems de Louis le Débonnaire ils recommencérent leurs courses. Les forêts dont ces Pays étoient hérissés, leur fournissoient assez de bois pour construire leurs barques à deux voiles à rames. Environ cent hommes tenoient dans ces bâtimens, avec leurs provisions de biére, de biscuit de mer, de fromage, & de viande salée. Ils côtoyoient les côtes, descendoient où ils ne trouvoient point de résistance, & retournoient chez eux avec le butin, qu'ils partageoient ensuite selon les loix du brigandage, ainsi qu'il se pratique à Tunis. Dès l'an 843 ils entrérent en France par l'embouchure de la Riviére de la Seine, & mirent la Ville de Rouen au pil-

pillage. Une autre flotte entra par
la Loire, & dévasta tout jusqu'en
Touraine. Ils emmenoient en esclavage les hommes, ils partageoient entre eux les femmes &
les filles, prenant jusqu'aux enfans
pour les élever dans leur métier de
pirates. Les bestiaux, les meubles,
tout étoit emporté. Ils vendoient
quelquefois sur une côte ce qu'ils
avoient pillé sur une autre. Leurs
premiers gains excitérent la cupidité de leurs compatriotes indigens.
Les habitans des côtes Germani-
ques & Gauloises se joignirent à
eux, ainsi que tant de renegats de
Provence & de Sicile ont servi sur
les vaisseaux d'Alger.

En 844 ils couvrirent la mer de
vaisseaux. On les vit descendre
presqu'à la fois en Angleterre, en
France & en Espagne. Il faut que
le Gouvernement des François &
des Anglois fût moins bon que celui des Mahométans, qui régnoient
en Espagne, car il n'y eut nulles
G 7
me-

mefures prifes par les François ni par les Anglois, pour empêcher ces irruptions ; mais en Efpagne les Arabes gardérent leurs côtes, & repoufférent enfin les Pirates.

En 845 les Normands pillérent Hambourg, & pénétrérent avant dans l'Allemagne. Ce n'étoit plus alors un ramas de Corfaires fans ordre, c'étoit une flotte de fix cens bateaux, qui portoit une armée formidable. Un Roi de Danne-marc, nommé Eric, étoit à leur tête. Il gagna deux batailles avant de fe rembarquer. Ce Roi des Pi-rates après être retourné chez lui avec les dépouilles Allemandes, envoye en France un des Chefs des Corfaires, à qui les Hiftoires don-nent le nom de Régner. Il remon-te la Seine à cent vingt voiles. Il n'y a point d'apparence que ces cent vingt voiles portaffent dix mille hommes. Cependant avec un nombre probablement inférieur, il pille Rouen une feconde fois, &
vient

vient jusqu'à Paris. Dans de pareilles invasions, quand la foiblesse du Gouvernement n'a pourvu à rien, la terreur du peuple augmente le péril, & le plus grand nombre fuit devant le plus petit. Les Parisiens qui se défendirent dans d'autres tems avec tant de courage, abandonnérent alors leur Villes, & les Normands n'y trouvérent que des maisons de bois qu'ils brulérent. Le malheureux Roi, Charle le Chauve, retranché à Saint Denis avec peu de troupes, au lieu de s'opposer à ces Barbares, acheta de quatorze mille marcs d'argent la retraite qu'ils daignérent faire. On est indigné quand on lit dans nos Auteurs que plusieurs de ces Barbares furent punis de mort subite pour avoir pillé l'Eglise de Saint Germain-des-Prez. Ni les Peuples, ni leurs Saints ne se défendirent; mais les vaincus se donnent toujours la honteuse consolation de supposer des miracles opé-

rés

rés contre leurs vainqueurs.

Charles le Chauve, en achetant ainſi la paix, ne faiſoit que donner à ces Pirates de nouveaux moyens de faire la guerre, & s'ôter celui de la ſoutenir. Les Normands ſe ſervirent de cet argent pour aller aſſiéger Bordeaux, qu'ils pillérent. Pour comble d'humiliation & d'horreur, un deſcendant de Charlemagne, Pepin Roi d'Aquitaine, n'ayant pu leur réſiſter, s'unit avec eux, & alors la France vers l'an 858 fut entiérement ravagée. Les Normands fortifiés de tout ce qui ſe joignoit à eux, déſolérent longtems l'Allemagne, la Flandre, l'Angleterre. Nous avons vû depuis peu des armées de cent mille hommes pouvoir à peine prendre deux Villes après des victoires ſignalées ; tant l'Art de fortifier les places & de préparer des reſſources a été perfectionné ; mais alors des Barbares combattant d'autres Barbares déſunis, ne trou-

voient

voient après le premier succès, presque rien qui arrêtât leurs courses. Vaincus quelquefois, ils reparoissoient avec de nouvelles forces.

Godefroi, Roi de Dannemarc, à qui Charles le Gros céda enfin une partie de la Hollande en 882, pénétre de la Hollande en Flandres, ses Normands passent de la Somme à l'Oise sans résistance, prennent & brulent Pontoise, & arrivent par eau & par terre devant Paris.

885.

Les Parisiens qui s'attendoient alors à l'irruption des Barbares, n'abandonnérent point la Ville, comme autrefois. Le Comte de Paris, Ode ou Eudes, que sa valeur éleva depuis sur le trône de France, mit dans la Ville un ordre qui anima les courages, & qui leur tint lieu de tours & de remparts. Sigefroi, Chef des Normands pressa le siége avec une fureur opiniâtre, mais non destitué d'art, d'art. Les Normands se servirent du bélier pour battre les murs. Ils firent brêche, & donnérent trois assauts. Les Parisiens les soutinrent avec un courage inébranlable. Ils avoient à leur tête non seulement le Comte Eudes, mais encore leur Evêque Goslin, qui chaque jour après avoir donné la bénédiction à son peuple, se mettoit sur la brêche, le casque en tête, un carquois sur le dos, & une hache à sa ceinture, & ayant planté la croix sur le rempart, combattoit à sa vue. Il paroît que cet Evêque avoit dans la Ville autant d'autorité pour le moins que le Comte Eudes ; puisque ce fut à lui que Sigefroy s'étoit d'abord adressé, pour entrer par sa permission dans Paris. Ce Prélat mourut de ses fatigues au milieu du siége, laissant une mémoire respectable & chére ; car s'il arma des mains que la Religion réservoit seulement au ministére de l'Autel, il les arma pour

pour cet autel même & pour des citoyens dans la cause la plus juste, & pour la défense la plus nécessaire, qui est toujours au-dessus des Loix. Ses confréres ne s'étoient armés que dans des Guerres Civiles & contre des Chrétiens. Peut-être, si l'apothéose est dûe à quelques hommes, eût-il mieux valu mettre dans le Ciel ce Prélat qui combattit & mourut pour son Pays, que tant d'hommes obscurs, dont la vertu, s'ils en ont eu, a été pour le moins inutile au Monde.

Les Normands tinrent la Ville assiégée une année & demie ; les Parisiens éprouvérent toutes les horreurs qu'entraînent dans un long siége la famine & la contagion, qui en sont les suites, & ne furent point ébranlés. Au bout de ce tems l'Empereur Charles le Gros, Roi de France, parut enfin à leurs secours sur le Mont de Mars, qu'on appelle aujourd'hui Montmartre ; mais il n'osa pas attaquer les Normands,

mands , il ne vint que pour acheter encore une tréve honteuse. Ces Barbares quittérent Paris pour aller assiéger Sens & piller la Bourgogne , tandis que Charles alla dans Mayence assembler ce Parlement qui lui ôta un trône dont il étoit si indigne.

Les Normands continuérent leurs dévastations ; mais quoiqu'ennemis du nom Chrétien il ne leur vint jamais en pensé de forcer personne à renoncer au Christianisme. Ils étoient à peu près tels que les Francs, les Goths, les Alains, les Huns , les Hérules , qui en cherchant au IV. Siécle de nouvelles Terres , loin d'imposer une Religion aux Romains , s'accommodérent aisément de la leur : ainsi les Turcs en pillant l'Empire des Califes, se sont soumis à la Religion Mahométane.

Enfin Rollon ou Raoul , le plus illustre de ces Brigands du Nord, après avoir été chassé du Dannemarc ,

marc, ayant raffemblé en Scandinavie tous ceux qui voulurent s'attacher à fa fortune, tenta de nouvelles avantures, & fonda l'efpérance de fa grandeur fur la foibleffe
de l'Europe. Il aborda l'Angleterre, où fes compatriotes étoient déjà
établis ; mais après deux victoires
inutiles il retourna du côté de la
France, que d'autres Normands favoient ruiner, mais qu'ils ne favoient pas affervir.

Rollon fut le feul de ces Barbares qui ceffa d'en mériter le nom,
en cherchant un établiffement fixe.
Maître de Rouen fans peine, au
lieu de la détruire, il en fit rele-
ver les murailles & les tours.
Rouen devint fa place d'armes, de-
là il voloit tantôt en Angleterre,
tantôt en France, faifant la guerre avec politique, comme avec fureur. La France étoit expirante
fous le régne de Charles le Simple, Roi de nom, & dont la Mo-
narchie étoit encore plus démembrée

brée par les Ducs, par les Comtes & par les Barons ses sujets, que par les Normands. Charles le Chauve n'avoit donné que de l'or aux Barbares, Charles le Simple offrit à Rollon sa fille & des provinces.

Raoul demanda d'abord la Normandie, & on fut trop heureux de la lui céder. Il demanda ensuite la Bretagne, on disputa, mais il fallut la céder encore avec des clauses que le plus fort explique toujours à son avantage. Ainsi la Bretagne qui étoit tout à l'heure un Royaume, devint un fief de la Neustrie ; & la Neustrie qu'on s'accoutuma bientôt à nommer Normandie du nom de ses usurpateurs, fut un Etat séparé, dont les Ducs rendoient un vain hommage à la Couronne de France.

L'Archevêque de Rouen sut persuader à Rollon de se faire Chrétien. Ce Prince embrassa volontiers une Religion qui affermissoit sa puissance.

Les

Les véritables Conquérans font ceux qui favent faire des Loix. Leur puiffance eft ftable, les autres font des torrens qui paffent. Rollon paifible fut le feul Légiflateur de fon tems dans le Continent Chrétien. On fait avec quelle inflexibilité il rendit la juftice. Il abolit le vol chez fes Danois, qui n'avoient jufques-là vécu que de rapine. Longtems après lui fon nom feul prononcé, étoit un ordre aux Officiers de Juftice d'accourir pour reprimer la violence, & de-là eft venu cet ufage de la clameur de *Haro*, fi connue en Normandie. Le fang des Danois & des Francs mêlés enfemble produifit enfuite dans ce Pays ces Héros qu'on verra conquérir l'Angleterre & la Sicile.

DE L'ANGLETERRE
VERS
LE IX. SIECLE.

528. L'Angleterre après avoir été divisée en sept petits Royaumes, s'étoit presque réunie sous le Roi Egbert, lorsque ces mêmes Pirates vinrent la ravager aussi bien que la France. On prétend qu'en 852 ils remontérent la Tamise avec trois cens Voiles. Les Anglois ne se défendirent guéres mieux que les Francs. Ils payérent, comme eux, leurs vainqueurs. Un Roi nommé Ethelbert suivit le malheureux exemple de Charles le Chauve. Il donna de l'argent : la même faute eut la même punition. Les Pirates se servirent de cet argent pour mieux subjuguer le Pays. Ils conquirent

la

la moitié de l'Angleterre. Il falloit que les Anglois, nés courageux & défendus par leur situation, eussent dans leur Gouvernement des vices bien essentiels, puisqu'ils furent toujours assujettis par des Peuples qui ne devoient pas aborder impunément chez eux. Ce qu'on raconte des horribles dévastations qui désolérent cette Ile, surpasse encore ce qu'on vient de voir en France. Il y a des tems où la Terre entiére n'est qu'un théatre de carnage, & ces tems sont trop fréquens.

Il me semble que le Lecteur respire enfin un peu, lorsque dans ces horreurs il voit s'élever quelque grand-homme qui tire sa patrie de la servitude, & qui la gouverne en bon Roi.

Je ne sai s'il y a jamais eu sur la Terre un homme plus digne des respects de la postérité qu'Alfred le Grand, qui rendit ses services à sa patrie.

Tom. I.   H   II

872.

Il succédoit à son frére Ethelred I. qui ne lui laissa qu'un droit contesté sur l'Angleterre, partagée plus que jamais en Souverainetés, dont plusieurs étoient possédées par les Danois. De nouveaux Pirates venoient encore, presque chaque année, disputer aux premiers usurpateurs le peu de dépouilles qui pouvoient rester.

Alfred n'ayant pour lui qu'une Province de l'Ouest, fut vaincu d'abord en bataille rangée par ces Barbares. Abandonné de tout le monde il ne se retira point à Romme dans le Collége Anglois, comme Butred son oncle, devenu Roi d'une petite Province & chassé par les Danois ; mais seul & sans secours, il voulut périr ou venger sa patrie. Il se cacha six mois chez un Berger dans une chaumiére environnée de marais. Le seul Comte de Dévon qui défendoit encore un foible château, savoit son secret. Enfin ce Comte ayant rassem-

femblé des troupes & gagné quelque avantage, Alfred couvert des
haillons d'un Berger, ofa fe rendre dans le camp des Danois, en
jouant de la harpe : voyant ainfi
par fes yeux la fituation du camp
& fes défauts, inftruit d'une fête
que les Barbares devoient célébrer,
il court au Comte de Dévon qui
avoit des milices prêtes ; il revient
aux Danois avec une petite troupe
mais déterminée, il les furprend &
gagne une victoire complette. La
difcorde divifoit alors les Danois.
Alfred fut négotier comme combattre ; & ce qui eft étrange, les
Anglois & les Danois le reconnu-
rent unanimement pour Roi. Il n'y
avoit plus à réduire que Londres ;
il la prit, la fortifia, l'embellit,
équipa des flottes, contint les Danois d'Angleterre, s'oppofa aux
defcentes des autres, & s'appliqua
enfuite pendant douze années d'une
poffeffion paifible, à policer fa
patrie. Ses loix furent douces, mais

fé-

févérement exécutées. C'eft lui qui fonda les Jurés, qui partagea l'Angleterre en Shires ou Comtés, & qui le premier encouragea fes fujets à commercer. Il prêta des vaiffeaux & de l'argent à des hommes entreprenans & fages, qui allérent jufqu'à Alexandrie, & qui de-là paffant l'Ifthme de Suez, trafiquérent dans la Mer de Perfe. Il inftitua des Milices, il établit divers Confeils, mit par-tout la régle & la paix qui en eft la fuite.

Il me femble qu'il n'y a point de véritablement grand-homme, fans avoir un bon efprit. Alfred fonda l'Académie d'Oxford. Il fit venir des livres de Rome. L'Angleterre toute barbare n'en avoit prefque point. Il fe plaignoit qu'il n'y eût pas alors un Prêtre Anglois qui fût le Latin. Pour lui, il le favoit. Il étoit même affez bon Géométre pour ce tems-là. Il poffédoit l'Hiftoire. On dit même qu'il faifoit des vers en Anglo-Saxon.

xon. Les momens qu'il ne donnoit pas aux soins de l'Etat, il les
donnoit à l'étude. Une sage œco-
nomie le mit en état d'être libé-
ral. On voit qu'il rebâtit plusieurs
Eglises, mais aucun Monastére. Il
pensoit sans-doute que dans un
Etat désolé, qu'il falloit repeupler,
il eût mal servi sa patrie, en favo-
risant trop ces familles immenses
sans pére & sans enfans, qui se
perpétuent aux dépens de la Nation : aussi ne fut-il pas au nombre
des Saints ; mais l'Histoire, qui
d'ailleurs ne lui reproche ni défaut
ni foiblesse, le met au premier rang
des Héros utiles au Genre-humain,
qui sans ces hommes extraordinai-
res eût toujours été semblable aux
bêtes farouches.

 DE

DE L'ESPAGNE

ET DES

MUSULMANS

AU VIII. ET IX. SIECLES.

JE vois dans l'Espagne des malheurs & des révolutions d'un autre genre, qui méritent une attention particuliére. Il faut remonter en peu de mots à la source, & se souvenir que les Goths usurpateurs de ce Royaume, devenus Chrétiens & toujours barbares, furent chassés au VIII. Siécle par les Musulmans d'Afrique. Je crois que l'imbécilité du Roi Vamba qu'on enferma dans un Cloître, fut l'origine de la décadence de ce Royaume. C'est à sa foiblesse qu'on doit les fureurs de ses succes-

cesseurs. Vitiza, Prince plus insen-
sé encore que Vamba, puisqu'il
étoit cruel, fit désarmer ses sujets
qu'il craignoit, mais par-là il se
priva de leur secours.

Rodrigue dont il avoit assassiné
le pére, l'assassina à son tour, & fut
encore plus méchant que lui. Il ne
faut pas chercher ailleurs la cause
de la supériorité des Musulmans
en Espagne. Je ne sai s'il est bien
vrai que Rodrigue eût violé Flo-
rinde, nommée la *Cava* ou la *Mé-*
chante, fille malheureusement célébre du Comte Julien, & si ce
fut pour venger son honneur que
ce Comte appella les Maures. Peut-
être l'avanture de la Cava est co-
piée en partie sur celle de Lucré-
ce, & ni l'une ni l'autre ne paroît
appuyée sur des monumens bien
autentiques. Il paroît que pour
appeller les Africains on n'avoit
pas besoin du prétexte d'un viol,
qui est d'ordinaire aussi difficile à
prouver qu'à faire. Déjà sous le

H 4

Roi

Roi Vamba, le Comte Hervig, depuis Roi, avoit fait venir une armée de Maures. Opas Archevêque de Séville, qui fut le principal inftrument de la grande révolution, avoit des intérêts plus chers à foutenir que ceux de la pudeur d'une fille. Cet Evêque, fils de l'ufurpateur Vitiza détrôné & affaffiné par l'ufurpateur Rodrigue, fut celui dont l'ambition fit venir les Maures pour la feconde fois. Le Comte Julien, gendre de Vitiza, trouvoit dans cette feule alliance affez de raifons pour fe foulever contre le tyran. Un autre Evêque nomme Torizo, entra dans la confpiration d'Opas & du Comte. Y a-t-il apparence que deux Evêques fe fuffent ligués ainfi avec les ennemis du Nom Chrétien, s'il ne s'étoit agi que d'une fille ?

Quoi qu'il en foit, les Mahométans étoient maîtres comme ils le font encore, de toute cette partie de l'Afrique qui avoit appartenue

aux

aux Romains. Ils venoient d'y fonder la Ville de Maroc près du Mont Atlas. Le Calife Valid Almanzor, maître de cette belle partie de la Terre, réfidoit à Damas en Syrie. Son Viceroi Muzza, qui gouvernoit l'Afrique, fit par un de fes Lieutenans la conquête de toute l'Efpagne. Il y envoya d'abord fon Général Tarif, qui gagna en 714 cette célébre bataille où Rodrigue perdit la vie. On prétend que les Sarrazins ne tinrent pas leurs promeffes à Julien, dont ils fe défioient fans-doute. L'Archevêque Opas fut plus fatisfait d'eux. Il prêta ferment de fidélité aux Mahométans, & conferva fous eux beaucoup d'autorité fur les Eglifes Chrétiennes, que les vainqueurs toléroient.

Pour le Roi Rodrigue, il fut fi peu regretté que fa veuve Egilone époufa publiquement le jeune Abdalis, fils du Sultan Muzza, dont les armes avoient fait périr fon mari , & réduit en fervitude fon Pays & fa Religion.

L'Efpagne avoit été foumife en quatorze mois à l'Empire des Ca- lifes , à la réferve des cavernes & des rochers de l'Afturie. Pélage Teudomer, parent du dernier Roi Rodrigue , caché dans ces retrai- tes , y conferva fa liberté. Je ne fai comment on a pu donner le nom de Roi à ce Prince, qui en é- toit en effet digne, mais dont tou- te la Royauté fe borna à n'être point captif. Les Hiftoriens Efpa- gnols & ceux qui les ont fuivis, lui font remporter de grandes vic- toires , imaginent des miracles en fa faveur, lui établiffent une Cour, lui donnent fon fils Favilla & fon gendre Alphonfe pour fucceffeurs tranquiles dans ce prétendu Royau- me. Mais comment dans ce tems- là même les Mahométans , qui fous Abdérame vers l'an 734 fub- juguérent la moitié de la France, auroient-ils laiffé fubfifter derriére les

les Pyrenées ce Royaume des Asturies ? C'étoit beaucoup pour les Chrétiens de pouvoir se réfugier dans ces montagnes & d'y vivre de leurs courses, en payant tribut aux Mahométans. Ce ne fut que vers l'an 759 que les Chrétiens commencérent à tenir tête à leurs vainqueurs affoiblis par les victoires de Charles Martel & par leurs divisions ; mais eux-mêmes plus divisés entre eux que les Mahométans, retombérent bientôt sous le joug. Mauregat, à qui il a plû aux Historiens de donner le titre de Roi, eut la permission de gouverner les Asturies & quelques Terres voisines, en rendant hommage & en payant tribut. Il se soumit sur-tout de fournir cent belles filles tous les ans pour le serrail d'Ab-dérame.

783.

On donne pour successeur à ce Mauregat un Diacre nommé Vérémon, Chef de ces Montagnards réfugiés, faisant le même hommage &

& payant le même nombre de filles qu'il étoit obligé de payer souvent. Est-ce-là un Royaume, & sont-ce-là des Rois ?

Après la mort de cet Abdérame, les Emirs des Provinces d'Espagne voulurent être indépendans. On a vu dans l'article de Charlemagne, qu'un d'eux, nommé Ibna Larabi, eut l'imprudence d'appeller ce conquérant à son secours. S'il y avoit eu alors un véritable Royaume Chrétien en Espagne, Charles n'eût-il pas protégé ce Royaume par ses armes, plutôt que de se joindre à des Mahométans ? Il prit cet Emir sous sa protection, & se fit rendre hommage des Terres qui sont entre l'Ebre & les Pyrenées, que les Musulmans gardérent. On voit en 794 le Maure Abutar rendre hommage à Louis le Débonnaire, qui gouvernoit l'Aquitaine sous son pére avec le titre de Roi.

Quelque tems après, les divisions

fions augmentérent chez les Maures d'Efpagne. Le Confeil de Louis le Débonnaire en profita, fes troupes affiégérent deux ans Barcelone, & Louis y entra en triomphe en 796. Voilà l'époque de la décadence des Maures. Ces vainqueurs n'étoient plus foutenus par les Africains & par les Califes dont ils avoient fecoué le joug. Les fucceffeurs d'Abdérame ayant établi le fiége de leur Royaume à Cordoue, étoient mal obéis des Gouverneurs des autres Provinces.

Alfonce de la race de Pélage commença dans ces conjonctures heureufes à rendre confidérables les Chrétiens Efpagnols retirés dans les Afturics. Il refufa le tribut ordinaire à des Maîtres contre lefquels il pouvoit combattre ; & après quelques victoires il fe vit Maître paifible des Afturies & de Léon au commencement du IX. Siécle.

C'eft par lui qu'il faut commen-
H 7
cer

cer de retrouver en Espagne des Rois Chrétiens. Cet Alfonse étoit artificieux & cruel. On l'appelle le Chaste, parce qu'il fut le premier qui refusa les cent filles aux Maures. On ne songe pas qu'il ne soutint point la guerre pour avoir refusé ce tribut, mais que voulant se soustraire à la domination des Maures & ne plus être tributaire, il falloit bien qu'il refusât les cent filles ainsi que le reste.

Les succès d'Alfonse, malgré beaucoup de traverses, enhardirent les Chrétiens de Navarre à se donner un Roi. Les Arragonois levérent l'étendart sous un Comte : ainsi sur la fin de Louis le Débonnaire, ni les Maures, ni les François n'eurent plus rien dans ces Contrées stériles ; mais le reste de l'Espagne obéissoit aux Rois Musulmans. Ce fut alors que les Normands ravagérent les côtes de l'Espagne ; mais étant repoussés, ils re-

retournérent piller la France &
l'Angleterre.

On ne doit point être surpris
que les Espagnols des Asturies, de
Léon, d'Arragon, ayent été alors
des barbares. La guerre qui avoit
succédé à la servitude, ne les a-
voit pas polis. Ils étoient dans une
si profonde ignorance, qu'Alfonse
Roi de Léon & des Asturies, surnommé le Grand, fut obligé de
donner à son fils des Précepteurs
Mahométans.

Je ne cesse d'être étonné, quand
je vois quels titres les Historiens
prodiguent aux Rois. Cet Alfonse
qu'ils appellent le Grand, fit crever les yeux à ses quatre fréres; sa
vie n'est qu'un tissu de cruautés &
de perfidies. Ce Roi finit par faire révolter contre lui ses Sujets,
& fut obligé de céder son petit
Royaume à son fils vers l'an 910.

Cependant les Mahométans qui
perdoient cette partie de l'Espagne qui confine à la France, s'é-
ten-

tendoient par-tout ailleurs. Si j'envisage leur Religion, je la vois embrassée par toutes les Indes, & par les côtes orientales de l'Afrique où ils trafiquoient. Si je regarde leurs conquêtes, d'abord le Calife Aaron Rachild impose un tribut de soixante & dix mille écus d'or par an à l'Impératrice Iréne. L'Empereur Nicéphore ayant ensuite refusé de payer le tribut, Aaron prend l'Ile de Chipre & vient ravager la Gréce. Almamon son petit-fils, Prince d'ailleurs si recommandable par son amour pour les Sciences & par son savoir, s'empare par ses Lieutenans de l'Ile de Créte en 825. Les Musulmans y firent bâtir la Ville de Candie.

En 826 les mêmes Africains qui avoient subjugué l'Espagne & fait des incursions dans la Sicile, cette Ile si fertile, encouragés par un Sicilien nommé Euphémius, qui ayant, à l'exemple de son Empereur Mi-

Michel, épousé une Religieuse, &
poursuivi par les Loix que l'Empereur s'étoit rendu favorables, fit
à peu près en Sicile ce que le
Comte Julien avoit fait en Espagne.

Ni les Empereurs Grecs, ni
ceux d'Occident ne purent alors
chasser de Sicile les Musulmans,
tant l'Orient & l'Occident étoit
mal gouvernés. Ces Conquérans
alloient se rendre maîtres de l'Italie, s'ils avoient été unis ; mais
leurs fautes sauvérent Rome, comme celle des Carthaginois la sauvérent autrefois. Ils partent de Sicile en 846 avec une flotte nombreuse. Ils entrent par l'embouchure du Tibre, & ne trouvant
qu'un Pays presque désert, ils vont
assiéger Rome. Ils prirent les dehors, & ayant pillé la riche Eglise de
Saint Pierre hors des murs, ils levérent le siége pour aller combattre
une armée de François, qui venoit
secourir Rome sous un Général de
l'Em-

l'Empereur Lothaire. L'armée Françoise fut battue, mais la Ville rafraîchie fut manquée ; & cette expédition qui devoit être une conquête, ne devint par leur mesintelligence qu'une incursion de Barbares.   Ils revinrent bientôt après avec une armée formidable, qui sembloit devoir détruire l'Italie & faire une Bourgade Mahométane de la Capitale du Christianisme. Le Pape Léon IV. prenant dans ce danger une autorité que les Généraux de l'Empereur Lothaire sembloient abandonner, se montra digne en défendant Rome, d'y commander en Souverain. Il avoit employé les richesses de l'Eglise à réparer les murailles, à élever des tours, à tendre des chaînes sur le Tibre.   Il arma les milices à ses dépens, engagea les habitans de Naples & de Gayette à venir défendre les côtes & le port d'Ostie, sans manquer à la sage précaution de prendre d'eux des ôtages, sachant

chant bien que ceux qui font affez puiffans pour nous fecourir, le font affez pour nous nuire. Il vifita lui-même tous les poftes & reçut les Sarrazins à leur defcente, non pas en équipage de guerrier, ainfi qu'en avoit ufé Goflin Evêque de Paris dans une occafion encore plus preffante, mais comme un Pontife qui exhortoit un Peuple Chrétien, & comme un Roi qui veilloit à la fureté de fes Sujets. Il étoit né Romain. Le courage des premiers âges de la République revivoit en lui dans un tems de lâcheté & de corruption : tel qu'un des beaux monumens de l'ancienne Rome qu'on trouve quelquefois dans les ruines de la nouvelle. Son courage & fes foins furent fecondés. On reçut les Sarrazins courageufement à leur defcente, & la tempête ayant diffipé la moitié de leurs vaiffeaux, une partie de ces conquérans échappés au naufrage fut mife à la chaîne. Le pape rendit

849.

dit sa victoire utile, en faisant tra-vailler aux fortifications de Rome & à ses embellissemens les mêmes mains qui devoient les détruire. Les Mahométans restérent cependant maîtres de la partie du Labour que l'on nomme le Garillan entre Capoue & Gayette, mais plutôt comme une Colonie de Corsaires indépendans, que comme des Conquérans disciplinés.

Je vois donc au IX. Siécle les Musulmans redoutables à la fois à Rome & à Constantinople, maîtres de la Perse, de la Syrie, de l'Arabie, & de toutes les Côtes d'Afrique jusqu'au Mont Atlas, & des trois quarts de l'Espagne. Mais ces Conquérans ne forment pas une Nation, comme les Romains éten-dus presqu'autant qu'eux, n'avoient fait qu'un seul Peuple.

Sous le fameux Calife Almamon vers l'an 815, un peu après la mort de Charlemagne, l'Egypte devint indépendante, & le Grand-Caire fut

fut la réfidence d'un Soudan.   Le Prince de la Mauritanie Tingitane, fous le titre de Miramolin , étoit maître abfolu de l'Empire de Maroc. La Nubie & la Lybie obéiffoient à un autre Soudan.   Les Abdérames qui avoient fondé le Royaume de Cordoue , ne purent empêcher d'autres Mahométans de fonder celui de Toléde.   Toutes ces nouvelles Dynafties révéroient dans le Calife le fucceffeur de leur Prophéte.   Ainfi que les Chrétiens alloient en foule en pélérinage à Rome , les Mahométans de toutes les parties du Monde alloient à la Mecque , gouvernée par un Shérif que nommoit le Calife ; & c'étoit principalement par ce pélérinage que le Calife maître de la Mecque étoit vénérable à tous les Princes de fa croyance. Mais ces Princes diftinguant la Religion de leurs intérêts , dépouilloient le Calife en lui rendant hommage.

DE

# DE L'EMPIRE

DE

CONSTANTINOPLE,

AU VIII. & IX. SIECLES.

Tandis que l'Empire de Charlemagne se démembroit, que les inondations des Sarrazins & des Normands désoloient l'Occident, l'Empire de Constantinople subsistoit comme un grand arbre, vigoureux encore ; mais déjà vieux, dépouillé de quelques racines, & assailli de tous côtés par la tempête. Cet Empire n'avoit plus rien en Afrique : la Syrie & une partie de l'Asie Mineure lui étoient enlevées. Il défendoit contre les Musulmans ses frontiéres vers l'orient de la Mer Noire ; & tantôt vaincu,

tan-

tantôt vainqueur, il auroit pu au moins se fortifier contre eux par cet usage continuel de la guerre. Mais du côté du Danube & vers le bord occidental de la Mer Noire, d'autres ennemis le ravageoient. Une Nation de Scythes, nommée les Abares ou Avares, les Bulgares, autres Scythes, dont la Bulgarie tient son nom, défoloient tous ces beaux climats de la Romanie, où Adrien & Trajan avoient construit de si belles Villes, & ces grands-chemins desquels il ne subsiste plus que quelques chauffées.

Les Abares surtout répandus dans la Hongrie & dans l'Autriche se jettoient tantôt sur l'Empire d'Orient, tantôt sur celui de Charlemagne. Ainsi des frontiéres de la Perse à celles de la France, la Terre étoit en proie à des incursions presque continuelles.

Si les frontiéres de l'Empire Grec étoient toujours resserrées & toujours
jours

jours désolées, la Capitale étoit le théâtre des révolutions & des crimes. Un mélange de l'artifice des Grecs & de la férocité des Thraces, formoit le caractére qui régnoit à la Cour. En effet quel spectacle nous représente Constantinople ! Maurice & ses cinq enfans massacrés : Phocas assassiné pour prix de ses meurtres & de ses incestes : Constantin empoisonné par l'Impératrice Martine, à qui on arrache la langue tandis qu'on coupe le nez à Héracléonas son fils : Constans assommé dans un bain par ses domestiques : Constantin Pogonate qui fait crever les yeux à ses deux fréres : Justinien II. son fils prêt à faire à Constantinople ce que Théodose fit à Thessalonique, surpris, mutilé & enchaîné par Léonce au moment qu'il alloit faire égorger les principaux Citoyens : Léonce bientôt traité lui-même comme il avoit traité Justinien II. ce Justinien rétabli, faisant couler

sous

ſous ſes yeux dans la Place publique le ſang de ſes ennemis , & pé-
riſſant enfin ſous la main d'un boureau : Philippe Bardanés détrôné
& condamné à perdre les yeux :
Léon l'Iſaurien & Conſtantin Co-
pronyme morts à la vérité dans
leur lit , mais après un régne ſan-
guinaire , auſſi malheureux pour le
Prince que pour les Sujets. L'Impératrice Iréne , la premiére femme qui monta ſur le trône des Cé-
ſars , & la premiére qui fit périr
ſon fils pour régner : Nicéphore
ſon ſucceſſeur , déteſté de ſes Sujets , pris par les Bulgares , décollé,
ſervant de pâture aux bêtes , tandis que ſon crane ſert de coupe à
ſon vainqueur. Enfin Michel Cu-
ropalate contemporain de Charlemagne , confiné dans un Cloître ,
& mourant ainſi moins cruellement,
mais plus honteuſement que ſes
prédéceſſeurs. C'eſt ainſi que l'Empire eſt gouverné pendant 200 ans.
Quelle hiſtoire de brigands obſcurs

Tom. I.   I   punis

punis en Place publique pour leurs crimes, eſt plus horrible & plus dégoutante ! Cependant il faut voir au IX. Siécle Léon l'Arménien, brave guerrier, mais ennemi des Images, aſſaſſiné à la Meſſe dans le tems qu'il chantoit une Antienne : ſes aſſaſſins s'aplaudiſſant d'avoir tué un hérétique, vont tirer de priſon un Officier, nommé Michel le Bêgue, condamné à la mort par le Sénat, & qui au lieu d'être exécuté, reçut la Pourpre Impériale. Ce fut lui qui étant amoureux d'une Religieuſe, ſe fit prier par le Sénat de l'épouſer, ſans qu'aucun Evêque oſât être d'un ſentiment contraire. Ce fait eſt d'autant plus digne d'attention, que preſqu'en même tems on voit Euphemius en Sicile, pourſuivi criminellement pour un ſemblable mariage ; & quelque tems après, on avoit condamné à Conſtantinople le mariage très-légitime de l'Empereur Léon.

Les

Les affaires de l'Eglise font fi mêlées avec celles de l'Etat, que je peux rarement les féparer, comme je voudrois.

Cette ancienne querelle des Images troubloit toujours l'Empire. La Cour étoit tantôt favorable, tantôt contraire à leur culte, felon qu'elle voyoit pancher l'efprit du plus grand nombre. Michel le Bêgue commença par les confacrer, & finit par les abattre.

Son fucceffeur Théophile, qui régna environ douze ans depuis 829 jufqu'à 842, fe déclara contre ce culte. On a écrit qu'il ne croyoit point la Réfurrection, qu'il nioit l'exiftence des Démons, & qu'il n'admettoit pas Jéfus-Chrift pour Dieu. Il fe peut faire qu'un Empereur penfât ainfi ; mais faut-il croire, je ne dis pas fur les Princes feulement, mais fur les particuliers, des ennemis qui fans prouver aucun fait, décrient la religion & les mœurs des hommes

qui

qui n'ont pas pensé comme eux ?

Ce Théophile fils de Michel le Bêgue fut presque le seul Empereur qui eût succédé paisiblement à son pére depuis deux siécles. Sous lui les adorateurs des Images furent plus persécutés que jamais. On conçoit aisément par ces longues persécutions, que tous les citoyens étoient divisés.

Il est remarquable, que deux femmes ayent rétabli les Images. L'une est l'Impératrice Iréne veuve de Léon IV. & l'autre l'Impératrice Théodora veuve de Théophile.

Théodora, maîtresse de l'Empire d'Orient sous le jeune Michel son fils, persécuta à son tour les ennemis des Images. Elle porta son zéle ou sa politique plus loin. Il y avoit encore dans l'Asie Mineure un grand nombre de Manichéens qui vivoient paisibles, parce que la fureur d'entousiasme, qui n'est guéres que dans les sectes naissantes, étoit passée. Ils étoient

riches par le commerce. Soit qu'on
en voulût à leurs opinions ou à
leurs biens , on fit contre eux des
Édits févéres , qui furent exécutés
avec cruauté. La perfécution leur
rendit leur premier fanatifme. On
en fit périr des milliers dans les
fupplices. Le refte défefpéré fe révolta. Il en paffa plus de 40 mille 846.
chez les Mufulmans , & ces Manichéens auparavant fi tranquiles ,
devinrent des ennemis irréconci-
liables , qui joints aux Sarrazins
ravagérent l'Afie Mineure jufqu'-
aux portes de la Ville Impériale ,
dépeuplée par une pefte horrible
en 842 , & devenue un objet de
pitié.

La pefte proprement dite , eft
une maladie particuliére aux Peuples de l'Afrique , comme la pe-
tite-vérole. C'eft de ces Pays qu'elle vient toujours par des Vaiffeaux
marchands. Elle inonderoit l'Europe fans les fages précautions
qu'on prend dans nos Ports , &
I 3

pro-

probablement l'inattention du Gouvernement laiſſa entrer la contagion dans la Ville Impériale.

Cette même inattention expoſa l'Empire à un autre fléau. Les Ruſſes s'embarquérent vers le Port qu'on nomme aujourd'hui Azoph ſur la Mer Noire, & vinrent ravager tous les rivages du Pont Euxin. Les Arabes d'un autre côté pouſſérent encore leurs conquêtes par-delà l'Arménie & dans l'Aſie Mineure. Enfin Michel le Jeune, après un régne cruel & infortuné, fut aſſaſſiné par Baſile, qu'il avoit tiré de la plus baſſe condition pour l'aſſocier à l'Empire.

L'adminiſtration de Baſile ne fut guéres plus heureuſe. C'eſt ſous ſon régne qu'eſt l'époque du grand Schiſme, qui diviſa l'Egliſe Grecque de la Latine.

Les malheurs de l'Empire ne furent pas beaucoup réparés ſous Léon qu'on appella le Philoſophe; non qu'il fût un Antonin, un Marc-

Marc-Aurele, un Julien, un Aaron Rachild, un Alfred, mais parce qu'il étoit savant. Il passe pour avoir le premier ouvert un chemin aux Turcs, qui si longtems après ont pris Constantinople.

Les Turcs qui combattirent depuis les Sarrazins & qui mêlés à eux, furent leur soutien & les destructeurs de l'Empire Grec, avoient-ils déjà envoyé des Colonies dans ces contrées voisines du Danube? On n'a guéres d'histoires véritables de ces émigrations des Barbares.

Il n'y a que trop d'apparence que les hommes ont ainsi vécu longtems. A peine un Pays étoit un peu cultivé, qu'il étoit envahi par une Nation affamée, chassée à son tour par une autre. Les Gaulois n'étoient-ils pas descendus en Italie, n'avoient-ils pas été jusques dans l'Asie Mineure? Vingt Peuples de la Grande Tartarie n'ont-ils pas cherché de nouvelles Terres?

                    Mal-

Malgré tant de défastres, Conftantinople fut encore longtems la Ville Chrétienne la plus opulente, la plus peuplée, la plus recommandable par les Arts. Sa fituation feule par laquelle elle domine fur deux Mers, la rendoit néceffairement commerçante. La pefte de 842, toute deftructive qu'elle avoit été, ne fut qu'un fléau paffager. Les Villes de commerce & où la Cour réfide, fe repeuplent toujours par l'affluence des voifins. Les Arts méchaniques & les beaux Arts même ne périffent point dans une vafte Capitale qui eft le féjour des riches.

Toutes ces révolutions fubites du Palais, les crimes de tant d'Empereurs égorgés les uns par les autres, font des orages qui ne tombent guéres fur des hommes cachés, qui cultivent en paix des profeffions qu'on n'envie point.

Les richeffes n'étoient point épuifées : on dit qu'en 857 Théodora

dora mére de Michel, en se dé-
mettant malgré elle de la Régence,
& traitée à peu près par son fils
comme Marie de Médicis le fut
de nos jours par Louis XIII. fit
voir à l'Empereur, qu'il y avoit
dans le trésor cent neuf mille livres pesant d'Or & trois cens mille livres d'argent.

Un Gouvernement sage pouvoit
donc encore maintenir l'Empire
dans sa puissance. Il étoit resserré,
mais non démembré ; changeant
d'Empereurs, mais toujours uni sous
celui qui se revêtoit de la pourpre ;
enfin plus riche, plus plein de
ressources, plus puissant que celui
d'Allemagne. Cependant il n'est
plus, & l'Empire d'Allemagne subsiste encore.

DE L'ITALIE,

DES

PAPES,

ET DES AUTRES AFFAIRES DE L'EGLISE AU VIII. & IX. SIECLES.

ON a vu avec quelle prudence les Papes se conduisirent sous Pepin & sous Charlemagne, comme ils assoupirent habilement les querelles de Religion, & comme chacun d'eux établit sourdement les fondemens de la grandeur Pontificale.

Leur pouvoir étoit déjà trop grand, puisque Gregoire IV. rebâtit le Port d'Ostie & que Léon IV. fortifia Rome à ses dépens. Mais tous les Papes ne pouvoient être de grands-hommes, & toutes les con-
jonc-

jonctures ne pouvoient leur être favorables. Chaque vacance de siége causoit presque autant de troubles que l'élection d'un Roi en Pologne. Le Pape élu avoit à ménager à la fois le Sénat Romain, le Peuple & l'Empereur. La Noblesse Romaine avoit grande part au Gouvernement, elle élisoit alors deux Consuls tous les ans. Elle créoit un Préfet, qui étoit une espéce de Tribun du Peuple. Il y avoit un Tribunal de douze Sénateurs, & c'étoit ces Sénateurs qui nommoient les principaux Officiers du Duché de Rome. Ce Gouvernement municipal avoit tantôt plus, tantôt moins d'autorité. Les Papes avoient à Rome plutôt un grand crédit qu'une puissance législative.

S'ils n'étoient pas Souverains de Rome, ils ne perdroient aucune occasion d'agir en Souverains de l'Eglise d'Occident.

Nicolas I. écrivoit ainsi à Hinc-

mar,

mar, Archevêque de Rheims en 863 : » Nous avons appris par le
» rapport de plufieurs perfonnes
» fidéles, que vous avez dépofé
» notre cher frére Rothade ab-
» fent ; c'eft pourquoi nous vous
» mandons de venir inceffamment
» à Rome avec fes accufateurs & le
» Prêtre qui a été le fujet de fa
» dépofition. Si dans un mois a-
» près la réception de cette Let-
» tre vous ne rétabliffez pas Ro-
» thade, je vous défends de célé-
» brer la Meffe, &c. ”

On réfiftoit toujours à ces entreprifes des Papes, mais pour peu que de tant d'Evêques un feul vînt à fléchir, fa foumiffion étoit regardée à Rome comme un devoir : il falloit donc néceffairement que l'Eglife de Rome, fupérieure d'ailleurs aux autres, fût prefque leur Souveraine à force de vouloir l'être.

Gontier Archevêque de Cologne, dépofé par le même Nicolas I. pour avoir été d'un avis contraire

au

au Pape dans un Concile tenu à
Metz en 864, écrivit à toutes les
Eglifes : » Quoique le Seigneur Ni-
» colas qu'on nomme Pape, & qui
» fe compte Pape & Empereur,
» nous aît excommuniés , nous
» avons réfifté à fa folie ". Enfuite
dans un écrit , s'adreffant au Pape
même : » Nous ne recevons point,
» dit - il , votre maudite fentence,
» nous la méprifons , nous vous
» rejettons vous - même de notre
» Communion , nous contentant
» de celle des Evêques nos fréres
» que vous méprifez , &c. "
Un frére de l'Archevêque de
Cologne porta lui - même cette
proteftation à Rome, & la mit
fur le tombeau de Saint Pierre, l'é-
pée à la main. Mais bientôt après
l'état politique des affaires ayant
changé , ce même Archevêque
changea auffi. Il vint au Mont
Caffin fe jetter aux genoux du Pape Adrien fucceffeur de Nicolas :
» Je déclare , dit-il, devant Dieu

I 7

» &

» & devant ſes Saints, à vous
» Monſeigneur Adrien, Souverain
» Pontife, aux Evêques qui vous
» ſont ſoumis, & à toute l'Aſſem-
» blée, que je ſupporte humble-
» ment la ſentence de dépoſition
» donnée canoniquement contre
» moi par le Pape Nicolas, &c. "
On ſent combien un exemple de
cette eſpéce affermiſſoit les prétentions de l'Egliſe Romaine; & les
conjonctures rendoient ces exemples fréquens.

Le même Nicolas I. excommunia la femme de Lothaire Roi de
Lorraine, fils de l'Empereur Lothaire. Il n'étoit pas bien décidé
ſi elle étoit épouſe légitime ; mais
il étoit moins décidé encore, ſi le
Métropolitain de Rome devoit ſe
mêler du lit d'un Souverain : ce
n'étoit pas-là que ſe bornoient leurs
876. prétentions. Le Pape Jean VIII.
dans une ſentence qu'il prononça
contre Formoſe Evêque de Porto,
qui fut depuis Pape, dit poſitive-
ment

ment *qu'il a élu & ordonné Empe-reur son cher fils Charles le Chau-ve.*

Je passe beaucoup d'entreprises de cette nature, qui rempliroient des volumes. Il suffit de voir quel étoit l'esprit de Rome.

La plus grande affaire que l'E-glise eut alors, & qui en est enco-re une très-importante aujourd'hui, fut l'origine de la séparation tota-le des Grecs & des Latins. La Chai-re Patriarchale de Constantinople étant, ainsi que le Trône, l'objet de l'ambition, étoit sujette aux-mêmes révolutions. L'Empereur mécon-tent du Patriarche Ignace, l'obli-gea à signer lui-même sa dépofi-tion, & mit à sa place Photius Eu-nuque du Palais, homme d'une grande qualité, d'un vaste génie, & d'une science universelle. Il étoit Grand - Ecuyer & Ministre d'Etat. Les Evêques pour l'ordon-ner Patriarche, le firent passer en six jours par tous les degrés. Le

pre-

premier jour on le fit Moine, parce que les Moines étoient alors regardés comme faifant partie de la
Hiérarchie. Le fecond jour il fut
Lecteur, le troifiéme Soudiacre,
puis Diacre, Prêtre, & enfin Patriarche le jour de Noël en 858.

Le Pape Nicolas prit le parti
d'Ignace, & excommunia Photius.
Il lui reprochoit furtout d'avoir paffé de l'Etat Laïc à celui d'Evêque
avec tant de rapidité ; mais Photius répondoit avec raifon, que
Saint Ambroife, Gouverneur de Milan & à peine Chrétien, avoit joint
la dignité d'Evêque à celle de Gouverneur plus rapidement encore.
Photius excommunia donc le Pape
à fon tour, & le déclara dépofé. Il
prit le titre de Patriarche Oecuménique, & accufa hautement d'héréfie les Evêques d'Occident de la
communion du Pape. Le plus
grand reproche qu'il leur faifoit,
rouloit *fur la proceffion du Pére &*
du Fils. Les autres fujets d'anathê-
me

me étoient que les Latins fe fervoient de pain non levé pour l'Euchariftie, mangeoient des œufs en
Carême, & que leurs Prêtres fe faifoient rafer la barbe. Etranges raifons pour brouiller l'Occident avec
l'Orient.

L'Empereur Bafile, affaffin de
Michel fon bienfaiƈteur & des pro-
teƈteurs de Photius, dépofa ce Patriarche dans le tems qu'il jouiffoit de fa viƈtoire. Rome profita
de cette conjonƈture pour faire affembler à Conftantinople le huitié-   869.
me Concile Oecuménique, compo-
fé de trois cens Evêques. Il eft à
remarquer que les Légats qui préfidoient ne favoient pas un mot de
Grec, & que parmi les autres Evêques très - peu favoient le Latin.
Photius y fut univerfellement condamné comme intrus, & foumis à
la pénitence publique. On figna
pour les cinq Patriarches avant de
figner pour le Pape. Mais en tout
cela les queftions qui partageoient
l'O=

l'Orient & l'Occident, ne furent point agitées, on ne vouloit que déposer Photius.

Quelques tems après, le vrai Patriarche, Ignace, étant mort, Photius eut l'adresse de se faire rétablir par l'Empereur Basile. Le Pape Jean VIII. le reçut à sa communion, le reconnut, lui écrivit ; & malgré ce huitiéme Concile Oecuménique, qui avoit anathématisé ce Patriarche, le Pape envoya ses Légats à un autre Concile à Constantinople, dans lequel Photius fut reconnu innocent par quatre cens Evêques, dont trois cens l'avoient auparavant condamné. Les Légats de ce même siége de Rome, qui l'avoient anathématisé, servirent eux-mêmes à casser le huitiéme Concile Oecuménique. On a beaucoup blâmé cette condescendance du Pape Jean VIII. mais on n'a pas assez songé que ce Pontife avoit alors besoin de l'Empereur Basile. Un Roi de Bulgarie, nommé Bogoris,

ga-

gagné par l'habilité de fa femme qui étoit Chrétienne, s'étoit converti à l'exemple de Clovis & du Roi Egbert. Il s'agiffoit de favoir de quel Patriarchat cette nouvelle Province Chrétienne dépendroit. Conftantinople & Rome fe la difputoient. La décifion dépendoit de l'Empereur Bafile. Voilà en partie le fujet des complaifances qu'eut l'Evêque de Rome pour celui de Conftantinople.

Il ne faut pas oublier que dans ce Concile, ainfi que dans le précédent, il y eut des *Cardinaux*. On nommoit ainfi des Prêtres & des Diacres qui fervoient de Confeils aux Métropolitains. Il y en avoit à Rome comme dans d'autres Eglifes. Ils étoient déjà diftingués, mais ils fignoient après les Evêques & les Abbés.

Le Pape donna par fes Lettres & par fes Légats le titre de *Votre Sainteté* au Patriarche Photius. Les autres Patriarches font auffi appellés

lés *Papes* dans ce Concile. C'eſt un nom Grec, commun à tous les Prêtres, & qui peu à peu eſt devenu le terme diſtinctif du Métropolitain de Rome.

On eut encore l'adreſſe de ne point parler dans ce Concile des points qui diviſoient les Egliſes d'Orient & d'Occident. Le Pape écrivit au Patriarche, qu'il étoit convenable de ſuſpendre la grande querelle ſur le *qui ex Patre Filioque procedit* ; & que l'uſage immémorial étant à Rome de chanter dans le Symbole *qui ex Patre procedit*, il falloit s'en tenir à cet uſage, ſans blâmer ceux qui ajoûtoient *Filioque*.

Il paroît que Jean VIII. ſe conduiſoit avec prudence ; car ſes ſucceſſeurs s'étant brouillés avec l'Empire Grec, & ayant alors adopté le huitiéme Concile Oecuménique de 869, & rejetté l'autre, qui abſolvoit Photius, la paix établie par Jean VIII. fut alors rompue. Photius
écla-

éclata contre l'Eglife Romaine, la
traita d'hérétique au fujet de cet
article du *Filioque procedit*, des
œufs en Carême, de l'Euchariftie
faite avec du pain fans levain, &
de plufieurs autres ufages. Mais le
grand point de la divifion étoit la
Primatie. Photius & fes fucceffeurs
vouloient être les premiers Evêques du Chriftianifme, & ne pouvoient fouffrir que l'Evêque de Rome, d'une Ville qu'ils regardoient
alors comme barbare, féparée de
l'Empire par fa rebellion, & en
proye à qui voudroit s'en emparer,
difputât la préféance à l'Evêque de
la Ville Impériale.   Le tems a décidé la fupériorité de Rome &
l'humiliation de Conftantinople.

Photius qui eut dans fa vie plus
de revers que de gloire, fut dépofé par des intrigues de Cour, &
mourut malheureux ; mais fes fucceffeurs attachés à fes prétentions,
les foutinrent avec vigueur.

Le Dogme ne troubla point encore

core l'Eglife d'Occident ; à peine a-t-on confervé la mémoire d'une petite difpute excitée en 848 par un nommé Jean Godefcalc fur la Prédeftination & fur la Grace. Je ne ferai nulle mention d'une folie épidémique, qui faifit le peuple de Dijon en 844, à l'occafion de quelques Reliques d'un Saint inconnu, apportées de Rome par deux Moines & dépofées dans l'Eglife de S. Benigne ; elles donnoient difoit-on, des convulfions à ceux qui prioient dans cette Eglife ; je ne parlerois pas, dis-je, de cette fuperftition populaire, fi elle ne s'étoit renouvellée de nos jours avec fureur dans des circonftances toutes pareilles. Les mêmes folies femblent deftinées à reparoître de tems en tems fur la fcéne du Monde : mais auffi le bon-fens eft le même dans tous les tems, & on n'a rien dit de fi fage fur les miracles modernes de Saint Médard de Paris, que ce que dit en 844

un

un Evêque de Lyon fur ceux de Dijon : » Voilà un étrange Saint, » qui eftropie ceux qui ont re- » cours à lui : il me femble que les » miracles devroient être faits pour » guérir les maladies , & non pour » en donner ”.

Ces minuties ne troubloient point la paix en Occident, & les querelles Théologiques n'étoient point ce à quoi Rome s'attachoit; on travailloit à augmenter la puiffance temporelle. Elles firent plus de bruit en Orient, parce que les Eccléfiaftiques y étoient fans puiffance temporelle. Il y a encore une autre caufe de la paix en Occident, c'eft la grande ignorance des Eccléfiaftiques.

ETAT

ETAT DE L'EMPIRE

DE

L'OCCIDENT,

DE L'ITALIE, ET DE LA PA-
PAUTE' SUR LA FIN DU IX.
SIECLE, ET DANS LE COURS
DU X. DANS LA MOITIE' DU
XI. JUSQU'A HENRI III.

APrès la dépofition de Charles le Gros, l'Empire d'Occident ne fubfifta plus que de nom.
Arnould, Arnolfe ou Arnold, bâtard de Carloman & d'une fille
nommée Litovinde, fe rendit maître de l'Allemagne ; mais l'Italie
étoit partagée entre deux Seigneurs,
tous deux du fang de Charlemagne par les femmes ; l'un étoit un
Duc

Duc de Spoléte, nommé Gui, l'autre Bérenger Duc de Frioul. Tous deux inveſtis de ces Duchés par Charles le Chauve, tous préten-dans à l'Empire auſſi bien qu'au Royaume de France. Arnould en qualité d'Empereur, regardoit auſſi la France comme lui appartenant de droit, tandis que la France dé-tachée de l'Empire, étoit partagée entre Charles le Simple qui la per-doit, & le Roi Eudes grand-on-cle de Hugues Capet, qui l'uſur-poit.

Un Bozon, Roi d'Arles, diſpu-toit encore l'Empire. Le Pape For-moſe, Evêque peu accrédité de la malheureuſe Rome, ne pouvoit que donner l'Onction Sacrée au plus fort. Il couronna en 892 ce Gui de Spoléte. L'année d'après il couronna Bérenger vainqueur, & deux autres années après il fut forcé de couronner cet Arnoud qui vint aſſiéger Rome & la prit d'aſ-faut. Le ferment équivoque que

reçut Arnoud des Romains, prou-
ve que déjà les Papes prétendoient
à la souveraineté de Rome. Tel
étoit ce serment : » Je jure par les
» Saints Myſtéres que sauf mon hon-
» neur, ma loi & ma fidélité à Mon-
» seigneur Formose Pape, je serai
» fidéle à l'Empereur Arnoud ».

Les Papes étoient alors en quelque sorte semblables aux Califes de
Bagdat, qui révérés dans tous les
Etats Musulmans comme les Chefs
de la Religion, n'avoient plus guéres d'autre droit que celui de donner les inveſtitures des Royaumes à
ceux qui les demandoient les armes
à la main ; mais il y avoit entre
ces Califes & ces Papes cette différence , que les Califes étoient
tombés, & que les Papes s'étoient
élevés.

Il n'y avoit réellement plus d'Empire , ni de droit ni de fait. Les Romains qui s'étoient donnés à Charlemagne par acclamation , ne vouloient plus reconnoître des bâtards,
des

des étrangers, à peine maîtres d'une partie de la Germanie.

Le Peuple Romain dans son a-baissement, dans son mélange avec tant d'étrangers, conservoit encore comme aujourd'hui cette fierté se-crette que donne la grandeur pas-sée. Il trouvoit insupportable que des Bructéres, des Cattes, des Mar-comans, se dissent les successeurs des Césars, & que les rives du Mein & la forêt Hercinie fussent le cen-tre de l'Empire de Titus & de Trajan.

On frémissoit à Rome d'indi-gnation, & on rioit en même tems de pitié, lorsqu'on apprencit qu'a-près la mort d'Arnoud, son fils Hiludovic, que nous appellons Louis, avoit été créé Empereur des Romains à l'âge de trois ou quatre ans dans un Village barba-re, nommé Fourkem, par quel-ques Seigneurs & Evêques Ger-mains. C'étoit en effet un étrange Empire Romain que ce Gouvernement qui n'avoit alors ni les Pays entre le Rhin & la Meuse, ni la France, ni la Bourgogne, ni l'Espagne, ni rien enfin dans l'Italie, & pas même une Maison dans Rome qu'on put dire appartenir à l'Empereur.

Du tems de ce Louis, dernier Empereur du sang de Charlemagne par bâtardise, mort en 912, l'Empire Romain resserré en Allemagne, fut ce qu'étoit la France, une Contrée dévastée par les guerres civiles & étrangéres, sous un Prince élu en tumulte & mal obéi.

Tout est révolution dans les Gouvernemens : c'en est une frappante que de voir ces Saxons sauvages traités par Charlemagne comme les Ilotes par les Lacédémoniens, donner ou prendre au bout de 112 ans cette même dignité, qui n'étoit plus dans la maison de leur vainqueur. Othon Duc de Saxe, après la mort de Louis, met

met par son crédit la couronne d'Allemagne sur la tête de Conrad Duc de Franconie ; & après la mort de Conrad, le fils du Duc Othon de Saxe, Henri l'Oiseleur est élu. Tous ceux qui s'étoient fait Princes héréditaires en Germanie, joints aux Evêques, faisoient ces élections.

Dans la décadence de la famille de Charlemagne, la plupart des Gouverneurs des Provinces s'étoient rendus absolus. Mais ce qui d'abord étoit usurpation, devint bientôt un droit héréditaire.

Les Evêques de plusieurs grands siéges, déjà puissans par leur dignité, n'avoient plus qu'un pas à faire pour être Princes, & ce pas fut bientôt fait. De-là vient la puissance séculiére des Evêques de Mayence, de Cologne, de Tréves, de Wurtsbourg, & de tant d'autres, en Allemagne & en France. Les Archevêques de Rheims, de Lyon, de Beauvais, de Langres, de Laon,

s'at-

s'attribuérent les droits régaliens. Cette puissance des Ecclésiastiques ne dura pas en France, mais en Allemagne elle est affermie pour longtems. Enfin les Moines eux-mêmes devinrent Princes: les Abbés de Fulde, de Saint Gal, de Kempten, de Corbie, &c. étoiet de petits Rois dans les Pays où 80 années auparavant ils défrichoient avec leurs mains quelques terres que des propriétaires charitables leur avoient données. Tous ces Seigneurs, Ducs, Comtes, Marquis, Évêques, Abbés, rendoient hommage au Souverain. On a longtems cherché l'origine de ce Gouvernement Féodal. Il est à croire qu'elle n'en a point d'autre que l'ancienne coutume de toutes les Nations, d'imposer un hommage & un tribut au plus foible. On sait qu'ensuite les Empereurs Romains donnérent des Terres à perpétuité à de certaines conditions. On en trouve des exemples dans les vies
d'A

d'Aléxandre Sévére & de Probus. Les Lombards furent les premiers qui érigérent des Duchés relevant en fief de leur Royaume. Spoléte & Bénévent furent sous les Rois Lombards des Duchés héréditaires.

Avant Charlemagne, Tassillon possédoit le Duché de Baviére à condition d'un hommage, & ce Duché eût appartenu à ses descendans, si Charlemagne ayant vaincu ce Prince, n'eût dépouillé le pére & les enfans.

Point de Villes libres alors en Allemagne ; ainsi point de commerce, point de grandes richesses. Les Villes n'avoient pas même de murailles. Cet Etat qui pouvoit être si puissant, étoit devenu si foible par le nombre & la division de ses Maîtres, que l'Empereur Conrad fut obligé de promettre un tribut annuel aux Hongrois, Huns ou Pannoniens, si bien contenus par Charlemagne, & si humiliés par

les

les Empereurs de la Maison d'Autriche. C'eft qu'alors ils fembloient être ce qu'ils avoient été fous Attila. Ils ravageoient l'Allemagne, les Frontiéres de la France. Ils defcendoient en Italie par le Tyrol, après avoir pillé la Baviére, & revenoient enfuite avec les dépouilles de tant de Nations.

C'eft au régne d'Henri l'Oifeleur que fe débrouilla un peu le cahos de l'Allemagne. Ses limites étoient alors le Fleuve de l'Oder, la Bohême, la Moravie, la Hongrie, les rivages du Rhin, de l'Efcaut, de la Mofelle, de la Meufe ; & vers le Septentrion la Poméranie & le Holftein étoient fes barriéres.

Il faut que Henri l'Oifeleur fût un des Rois des plus dignes de régner. Sous lui les Seigneurs de l'Allemagne fi divifés font réunis. Le premier fruit de cette réunion eft l'affranchiffement du tribut qu'on payoit aux Hongrois, & une grande de victoire remportée fur cette Nation terrible. Il fit entourer de murailles la plupart des Villes d'Allemagne. Il inftitua des Milices. On lui attribua même l'invention de quelques Jeux militaires, qui donnoient quelques idées des Tournois. Enfin l'Allemagne refpiroit ; mais il ne paroît pas qu'elle prétendît être l'Empire Romain. L'Archevêque de Mayence avoit facré Henri l'Oifeleur. Aucun Légat du Pape, aucun Envoyé des Romains n'y avoit affifté. L'Allemagne fembla pendant tout ce régne oublier l'Italie.

Il n'en fut pas ainfi fous Othon le Grand, que les Princes Allemands, les Evêques & les Abbés élurent unanimement après la mort d'Henri fon pére. L'héritier reconnu d'un Prince puiffant, qui a fondé ou rétabli un Etat, eft toujours plus puiffant que fon pére, s'il ne manque pas de courage ; car il entre dans une carriére déja ouverte,

936

il commence où son prédécesseur a fini. Ainsi Alexandre avoit été plus loin que Philippe son pére, Charlemagne plus loin que Pepin, & Othon le Grand passa beaucoup Henri l'Oiseleur.

Les Italiens toujours factieux & foibles, ne pouvoient ni obéir à leurs compatriotes, ni être libres, ni se défendre à la fois contre les Sarrazins & les Hongrois, dont les incursions infestoient encore leur Pays.

DE

DE LA PAPAUTÉ

A U

DIXIÉME SIECLE

AVANT QU'OTHON LE GRAND
SE RENDIT MAITRE DE ROME.

LE Pape Formose, fils du Prêtre Léon, étant Evêque de
Porto, avoit été à la tête d'une
faction contre Jean VIII. & deux
fois excommunié par ce Pape; mais
ces excommunications qui furent
bientôt après si terribles aux têtes
couronnées, le furent si peu pour
Formose qu'il se fit élire Pape en
890.

Etienne VI. aussi fils de Prêtre,
successeur de Formose, homme
qui joignoit l'esprit du fanatisme
à celui de la faction, ayant toute

 fa

sa vie haï Formose, fit déterrer son corps qui étoit embaumé, & l'ayant revêtu des habits Pontificaux, le fit comparoître dans un Concile assemblé pour juger sa mémoire. On donna au mort un Avocat, on lui fit son procès en forme, le cadavre fut déclaré coupable d'avoir changé d'Evêché, & d'avoir quitté celui de Porto pour celui de Rome ; & pour réparation de ce crime, on lui trancha la tête par la main du bourreau, on lui coupa trois doigts, & on le jetta dans le Tybre.

Le Pape Etienne VI. se rendit si odieux par cette farce aussi horrible que folle, que les amis de Formose ayant soulevé les citoyens, le chargérent de fers, & l'étranglérent en prison.

La faction ennemie de cet Etienne fit repêcher le corps de Formose, & le fit enterrer Pontificalement une seconde fois.

Cette querelle échauffoit les esprits

prits. Sergius III. qui rempliſſoit Rome de ſes brigues pour ſe faire Pape, fut exilé par ſon rival Jean IX. ami de Formoſe; mais reconnu Pape après la mort de Jean IX. il fit jetter une ſeconde fois Formoſe dans le Tibre. Dans ces troubles, Théodora mére de Marozie qu'elle maria depuis au Marquis de Toſcane, & d'une autre Théodora, toutes trois célébres par leurs galanteries, avoit à Rome la principale autorité. Sergius n'avoit été élu que par les intrigues de Théodora la mére. Il eut étant Pape un fils de Marozie, qu'il éleva publiquement dans ſon Palais. Il ne paroît pas qu'il fût haï des Romains, qui naturellement voluptueux ſuivoient ſes exemples plus qu'ils ne les blâmoient.

Après ſa mort les deux ſœurs Marozie & Théodora procurérent la Chaire de Rome à un de leurs favoris, nommé Landon; mais ce Landon étant mort, la jeune Théodora

                    dora

dora fit élire Pape son Amant Jean X. Evêque de Bologne, puis de Ravenne, & enfin de Rome. On ne lui reprocha point comme à Formose, d'avoir changé d'Evêché. Ces Papes condamnés par la postérité comme Evêques peu religieux, n'étoient point d'indignes Princes. Il s'en faut beaucoup. Ce Jean X. que l'amour fit Pape, étoit un homme de génie & de courage ; il fit ce que tous les Papes ses prédécesseurs n'avoient pu faire ; il chaffa les Sarrasins de cette partie de l'Italie nommée le *Garillan*.

Pour réuffir dans cette expédition, il eut l'adreffe d'obtenir des troupes de l'Empereur de Conftantinople, quoique cet Empereur eût à se plaindre autant des Romains rébelles que des Sarrasins. Il fit armer le Comte de Capoue. Il obtint des milices de Tofcane, & marcha lui-même à la tête de cette armée, menant avec lui un jeune fils de Marozie & du Marquis

Adel-

Adelbert : ayant chaſſé les Maho-métans du voiſinage de Rome , il vouloit auſſi délivrer l'Italie des Allemands & des autres étrangers.

L'Italie étoit envahie preſqu'à la fois par les Bérengers , par un Roi de Bourgogne , par un Roi d'Ar-les.   Il les empêcha tous de domi-ner dans Rome. Mais au bout de quelques années Guido , frére ute-rin de Hugo Roi d'Arles , Tiran de l'Italie , ayant épouſé Marozie toute puiſſante à Rome , cette mê-me Marozie conſpira contre le Pape ſi longtems Amant de ſa ſœur. Il fut ſurpris , mis aux fers , & étouffé entre deux matelats.

Marozie , maîtreſſe de Rome , fit élire Pape un nommé Léon , qu'elle fit mourir en priſon au bout de quelque mois. Enſuite ayant donné le Siége de Rome à un hom-me obſcur , qui ne vécut que deux ans , elle mit enfin ſur la Chaire Pontificale Jean XI. ſon propre

fils ,

fils, qu'elle avoit eu de son adultére avec Sergius III.

Jean XI. n'avoit que 24 ans quand sa mére le fit Pape ; elle ne lui conféra cette dignité qu'à con-tion qu'il s'en tiendroit uniquement aux fonctions d'Evêque, & qu'il ne seroit que le Chapelain de sa mére.

On prétend que Marozie empoi-sonna alors son mari Guido, Marquis de Toscane. Ce qui est vrai, c'est qu'elle épousa le frére de son mari Hugo Roi de Lombardie, & le mit en possession de Rome, se flattant d'être avec lui Impératrice ; mais un fils du premier lit de Marozie se mit alors à la tête des Romains contre sa mére, chassa Hugues de Rome, renferma Marozie & le Pape son fils dans le Château Saint Ange. On prétend que Jean XI. y mourut empoisonné.

Un Etienne VIII. Allemand de naissance, élu en 939, fut par cet-

te

te naiſſance feule ſi odieux aux Romains, que dans une ſédition le peuple lui balafra le viſage au point qu'il ne put jamais depuis paroître en public.

Quelque tems après un petit-fils de Marozie, nommé Octavien, fut élu Pape à l'âge de 18 ans par le crédit de ſa famille. Il prit le nom de Jean XII. en mémoire de Jean XI. ſon oncle. C'eſt le premier Pape qui ait changé ſon nom à ſon avénement au Pontificat. Il n'étoit point dans les Ordres quand ſa famille le fit Pontife. C'étoit un jeune-homme qui vivoit en Prince, aimant les armes & les plaiſirs. On s'étonne que ſous tant de Papes ſi ſcandaleux & ſi peu puiſſans, l'Egliſe Romaine ne perdit ni ſes prérogatives, ni ſes prétentions; mais alors preſque toutes les autres Egliſes étoient ainſi gouvernées. Le Clergé d'Italie pouvoit mépriſer les Papes, mais il reſpectoit la Papauté, d'autant plus qu'ils y aſ-
pi-

piroient ; enfin dans l'opinion des hommes la place étoit sacrée, quand la personne étoit exécrable.

Pendant que Rome & l'Eglise étoient ainsi déchirées, Bérenger, qu'on appelle *le Jeune*, disputoit l'Italie à Hugues d'Arles. Les Italiens, comme le dit Luitprand contemporain, vouloient toujours avoir deux Maîtres pour n'en avoir réellement aucun : fausse & malheureuse politique, qui les faisoit changer de tirans & de malheurs. Tel étoit l'Etat déplorable de ce beau Pays, lorsqu'Othon le Grand y fut appellé par les plaintes de presque toutes les Villes, & même par ce jeune Pape Jean XII. réduit à faire venir les Allemands qu'il ne pouvoit souffrir.

SUI-

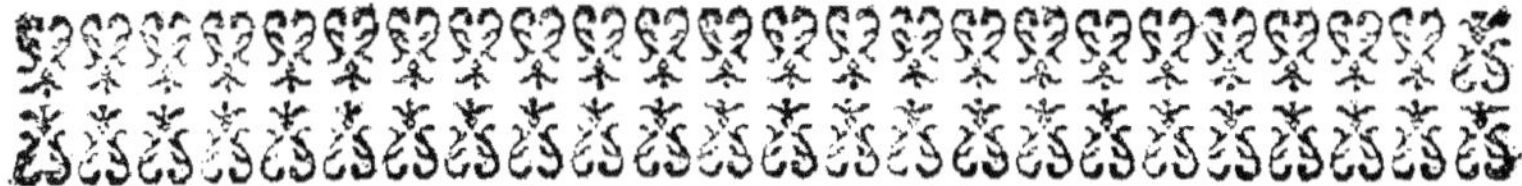

SUITE

DE

L'EMPIRE D'OTHON

ET DE

L'ETAT DE L'ITALIE.

OThon entra en Italie, & il s'y conduifit comme Charlemagne. Il vainquit Bérenger, qui en affectoit la Souveraineté. Il fe fit facrer & couronner Empereur des Romains par les mains du Pape, prit le nom de Céfar & d'Augufte, & obligea le Pape à lui faire ferment de fidélité fur le tombeau dans lequel on dit que repofe le corps de St. Pierre. On dreffa un inftrument autentique de cet Acte. Le Clergé & la Nobleffe Romaine fe foumettent à ne jamais élire de Pape qu'en préfence des Commiffaires de l'Em-

pe-

pereur. Dans cet Acte Othon con-
firme les donations de Pepin, de
Charlemagne, de Louis le Débonnaire : *Sauf en tout notre puiſſance,*
dit-il, *& celle de notre fils & de nos*
deſcendans. Cet Inſtrument écrit en
Lettres d'or, ſouſcrit par ſept Evêques d'Allemagne, cinq Comtes,
deux Abbés & pluſieurs Prélats Italiens, eſt gardé encore au Château
Saint Ange ; la date eſt du 13 Février 962.

On dit, & Mézéray le dit après
d'autres, que Lothaire Roi de
France, & Hugues Capet depuis
Roi, aſſiſtérent à ce couronnement.
Le Rois de France étoient en effet alors ſi foibles, qu'ils pouvoient
ſervir d'ornement au Sacre d'un
Empereur ; mais le nom de Lothaire & de Hugues Capet ne ſe
trouve pas dans les ſignatures de
cet Acte.

Le Pape s'étant ainſi donné un
Maître, quand il ne vouloit qu'un
Protecteur, lui fut bientôt infidé-
le

le. Il se ligua contre l'Empereur avec Bérenger même, réfugié chez des Mahométans qui venoient de se cantonner sur les côtes de Provence. Il fit venir le fils de Bérenger à Rome, tandis qu'Othon étoit à Pavie. Il envoya chez les Hongrois pour les solliciter à rentrer en Allemagne; mais il n'étoit pas assez puissant pour soutenir cette action hardie, & l'Empereur l'étoit assez pour le punir.

Othon revint donc de Pavie à Rome, & s'étant assuré de la Ville, il tint un Concile, dans lequel il fit juridiquement le procès au Pape. Au lieu de le juger militairement, on assembla les Seigneurs Allemands & Romains, 40 Evêques, 17 Cardinaux dans l'Eglise de Saint Pierre, & là en présence de tout le peuple on accusa le Saint Pére d'avoir joui de plusieurs femmes, & sur-tout d'une nommée Etiennette, qui étoit morte en couche. Les autres chefs d'acd'accufation étoient , d'avoir fait Evêque de Tody un enfant de dix ans , d'avoir vendu les Ordinations & les Bénéfices, d'avoir fait crever les yeux à fon parrain , d'avoir châtré un Cardinal , & enfuite de l'avoir fait mourir ; enfin de ne pas croire en JESUS-CHRIST, & d'avoir invoqué le Diable : deux chofes qui femblent fe contredire. On mêloit donc, comme il arrive prefque toujours, de fauffes accufations à de véritables ; mais on ne parla point du tout de la feule raifon pour laquelle le Concile étoit affemblé. L'Empereur craignoit fans doute de réveiller cette révolte & cette confpiration dans laquelle les accufateurs même du Pape avoient trempé. Ce jeune Pontife qui avoit alors vingt-fept ans , parut dépofé pour fes inceftes & fes fcandales , & le fut en effet pour avoir voulu , ainfi que tous les Romains, détruire la puiffance Allemande dans Rome.

Othon

Othon ne put se rendre maître de sa personne, ou s'il le put, il fit une faute en le laissant libre. A peine avoit-il fait élire le Pape Léon VIII. qui, si l'on en croit le discours d'Arnoud Evêque d'Orléans, n'étoit ni Ecclésiastique, ni même Chrétien ; à peine en avoit-il reçu l'hommage, & avoit-il quitté Rome, dont probablement il ne devoit pas s'écarter, que Jean XII. eut le courage de faire soulever les Romains, & opposant alors Concile à Concile, on y déposa Léon XIII. & l'on y décida que jamais l'inférieur ne pourroit ôter le rang à son supérieur.

Le Pape par cette décision n'entendoit pas seulement, que jamais les Evêques & les Cardinaux ne pourroient déposer le Pape, mais on désignoit aussi l'Empereur, que les Evêques de Rome regardoient toujours comme un séculier, qui devoit à l'Eglise l'hommage & les sermens qu'il exigeoit d'elle. Le Cardinal

nom-

nommé Jean, qui avoit écrit & lu les accusations contre le Pape, eut la main droite coupée. On arracha la langue, on coupa le nez & deux doigts à celui qui avoit servi de Greffier au Concile de déposition

Au reste dans tous ces Conciles où présidoient la faction & la vengeance, on citoit toujours l'Evangile & les Péres, on imploroit les lumiéres du Saint Esprit, on parloit en son nom, on faisoit même des réglemens utiles; & qui liroit ces Actes sans connoître l'Histoire, croiroit lire les Actes des Saints.

Tout cela se faisoit presque sous les yeux de l'Empereur; & qui sait jusqu'où le courage & le ressentiment du jeune Pontife, le soulévement des Romains en sa faveur, la haine des autres Villes d'Italie contre les Allemands, eussent pu porter cette révolution ! Mais le Pape Jean XII. fut assassiné trois mois après, entre les bras d'une
fem-

femme mariée par les mains du mari qui vengeoit fa honte.

Il avoit tellement animé les Romains, qu'ils oférent, même après fa mort, foutenir une fiége, & ne fe rendirent qu'à l'extremité. Othon deux fois vainqueur de Rome, fut le maître de l'Italie comme de l'Allemagne.

Le Pape Léon créé par lui, le Sénat, les principaux du Peuple ; le Clergé de Rome folemnellement affemblés dans Saint Jean de Latran, confirmérent à l'Empereur le droit de fe choifir un Succeffeur au Royaume d'Italie, d'établir le Pape & de donner l'inveftiture aux Evêques. Après tant de Traités & de fermens formés par la crainte, il falloit des Empereurs qui demeuraffent à Rome pour les faire obferver.

A peine l'Empereur Othon étoit retourné en Allemagne, que les Romains voulurent être libres. Ils mirent en prifon leur nouveau Pape, créature de l'Empereur. Le Préfet de Rome, les Tribuns, le Sénat, voulurent faire revivre les anciennes loix : mais ce qui dans un tems est une entreprise de héros, devient dans d'autres une révolte de séditieux. Othon revole en Italie, fait pendre une partie du Sénat, & le Préfet de Rome qui avoit voulu être un Brutus, fut fouetté dans les carrefours, promené nud sur un âne, & jetté dans un cachot, où il mourut de faim.

Tel fut à peu près l'état de Rome sous Othon le Grand, Othon II. & Othon III. Les Allemands tenoient les Romains subjugués, & les Romains brisoient leurs fers dès qu'ils le pouvoient.

Un Consul nommé Crescentius, fils du Pape Jean X & de la fameuse Marozie, prenant avec ce titre de Consul la haine de la Royauté, arma Rome contre Othon II. Il fit mourir en prison Bénoit

noit VI. créature de l'Empereur ; & l'autorité d'Othon quoiqu'éloigné, ayant dans ces troubles donné la Chaire Romaine au Chancelier de l'Empire en Italie, qui fut Pape sous le nom de Jean XIV. ce malheureux Pape fut une nouvelle victime que le Parti Romain immola. Le Pape Boniface VIII. créature du Consul Crescentius déjà souillé du sang de Benoit VI. fit encore périr Jean XIV. Les tems de Caligula, de Néron, de Vitellius, ne produisirent ni des infortunes plus déplorables, ni de plus grandes barbaries, mais les horreurs de ces Papes font obscures comme eux. Ces tragédies sanglantes se jouoient sur le théatre de Rome, mais petit & ruiné ; & celles des Césars avoient pour théatre le Monde connu.

Crescentius maintint quelque tems l'ombre de la République Romaine. Il chassa du Siége Pontifical Grégoire IV. neveu de l'Em-

pe-

pereur Othon III. Mais enfin Rome fut encore afliégée & prife. Crefcentius attiré hors du Château Saint Ange fur l'efpérance d'un accommodement & fur la foi des fermens de l'Empereur, eut la tête tranchée. Son corps fut pendu par les pieds, & le nouveau Pape élu par les Romains, fous le nom de Jean XV. eut les yeux crevés & le nez coupé. On le jetta en cet état du haut du Château Saint Ange dans la Place.

Les Romains renouvellérent alors à Othon III. les fermens faits à Othon I. & à Charlemagne.

Après les trois Othons, ce combat de la domination Allemande, & de la liberté Italique, refta long-tems dans les mêmes termes. Sous les Empereurs Henri II. de Baviére, Conrad II. dit le Salique, dès qu'un Empereur étoit occupé en Allemagne, il s'élevoit un parti en Italie. Henri II. y vint comme les Othons diffiper des factions, con-
fir-

firmer aux Papes les donations des Empereurs, & recevoir les mêmes hommages. Cependant la Papauté étoit à l'encan, ainsi que presque tous les autres Evêchés.

Benoit VIII. Jean XIX. l'achetérent publiquement l'un après l'autre : ils étoient fréres de la maison des Marquis de Toscane, toujours puissante à Rome depuis le tems de Marozie.

Après leur mort, pour perpétuer le Pontificat dans leur maison 1034. on acheta encore les suffrages pour un enfant de douze ans. C'étoit Benoit IX. qui eut l'Evêché de Rome de la même maniére, qu'on voit encore aujourd'hui tant de familles acheter, mais en secret, des Bénéfices pour des enfans.

Ce desordre n'eut point de bornes. On vit sous le Pontificat de ce Benoit IX. deux autres Papes élus à prix d'argent, & trois Papes dans Rome s'excommunier réciproquement ; mais par un accord

heu-

heureux qui étouffa une guerre civile, ces trois Papes s'accordérent à partager les revenus de l'Eglife, & à vivre en paix, chacun avec fa Maîtreffe.

Ce Triumvirat pacifique & fingulier ne dura qu'autant qu'ils eurent de l'argent ; & enfin, quand ils n'en eurent plus, chacun vendit fa part de la Papauté au Diacre Gratien, homme de qualité, fort riche. Mais comme le jeune Benoit IX. avoit été élu longtems avant les deux autres, on lui laiffa par un accord folemnel la jouiffance du tribut que l'Angleterre payoit alors à Rome, qu'on appelloit le *Denier de Saint Pierre*, à quoi un Roi Danois d'Angleterre, nommé Etelvolft, Edelvolf ou Ethelulfe s'étoit foumis en 852.

Ce Gratien qui prit le nom de Gregoire VI. & qui paffe pour s'être conduit très-fagement, jouiffoit paifiblement du Pontificat, 1046. lorfque l'Empereur Henri III. fils

de

de Conrad II. le Salique , vint à Rome.

Jamais Empereur n'y exerça plus d'autorité. Il dépofa Gregoire VI. que les Romains aimoient, & nomma Pape Suidger fon Chancelier Evêque de Bamberg fans qu'on ofât murmurer.

Après la mort de cet Allemand , 1048. qui parmi les Papes eft appellé Clément II. l'Empereur qui étoit en Allemagne , y créa Pape un Bavarois nommé Popon : c'eft Damaze II. qui avec le Brevet de l'Empereur alla fe faire reconnoître à Rome. Il le fut malgré ce Benoit IX. qui vouloit encore rentrer dans la Chaire Pontificale après l'avoir vendue.

Ce Bavarois étant mort vingt-trois jours après fon intronifation , l'Empereur donna la Papauté à fon coufin Brunon de la Maifon de Lorraine , qu'il transféra de l'Evêché de Toul à celui de Rome avec une autorité abfolue.

L 4 DE

DE LA FRANCE

VERS LE TEMS DE

HUGUES CAPET.

PEndant que l'Allemagne commençoit à prendre ainsi une nouvelle forme d'administration, & que Rome & l'Italie n'en avoient aucune, la France devenoit comme l'Allemagne un Gouvernement entiérement féodal.

Ce Royaume s'étendoit des environs de l'Escaut & de la Meuse jusqu'à la Mer Britannique, & des Pyrenées au Rhône. C'étoit alors ses bornes ; car quoique tant d'Historiens prétendent que ce grand Fief de la France alloit par-delà les Pyrenées jusqu'à l'Ebre, il ne paroît point du tout que les Espagnols de ces Provinces entre l'Ebre & les Pyrenées fussent soumis au foible

Gouvernement de France en combattant contre les Mahométans.

La France, dans laquelle ni la Provence ni le Dauphiné n'étoient compris, étoit un assez grand Royaume; mais il s'en falloit beaucoup que le Roi de France fût un grand Souverain. Louis, le dernier des descendans de Charlemagne, n'avoit plus pour tout domaine que les Villes de Laon, de Soissons, & quelques Terres qu'on lui contestoit. L'hommage rendu par la Normandie, ne servoit qu'à faire un Roi vassal qui auroit pu soudoyer son Maître. Chaque Province avoit ou ses Comtes ou ses Ducs héréditaires ; celui qui n'avoit pu se saisir que de deux ou trois Bourgades, rendoit hommage aux usurpateurs d'une Province; & qui n'avoit qu'un Château, relevoit de celui qui avoit usurpé une Ville.

Le tems & la nécessité établirent que les Seigneurs des grands

L 5 Fiefs

Fiefs marcheroient avec des troupes au secours du Roi. Tel Seigneur devoit 40 jours de service, tel autre 25 ; les arriéres - vassaux marchoient aux ordres de leurs Seigneurs immédiats. Mais si tous ces Seigneurs particuliers servoient l'Etat quelques jours, ils se faisoient la guerre entre eux presque toute l'année. Envain les Conciles, qui dans ces tems de crimes ordonnérent souvent des choses justes, avoient réglé qu'on ne se battroit point depuis le jeudi jusqu'au point du jour du lundi, & dans les tems de Pâques & dans d'autres solemnités ; ces réglemens n'étant point appuyés d'une justice coërcitive, étoient sans vigueur. Chaque Château étoit la Capitale d'un petit Etat de Brigands, chaque Monastére étoit en armes : leurs Avocats qu'on appelloit Avoyers, institués dans les premiers tems pour présenter leurs requêtes au Prince & ménager leurs affaires ; étoient les
Gé-

Généraux de leurs troupes : les Moiſſons étoient ou brulées, ou coupées avant le tems, ou défendues l'épée à la main ; les Villes preſque réduites en ſolitude, & les Campagnes dépeuplées par de longues famines.

Il ſemble que ce Royaume ſans Chef, ſans police, ſans ordre, dût être la proie de l'Etranger ; mais une anarchie preſque ſemblable dans tous les Royaumes, fit ſa ſureté ; & quand ſous les Othons l'Allemagne fut plus à craindre, les guerres inteſtines l'occupérent.

C'eſt de ces tems barbares que nous tenons l'uſage de rendre hommage pour une Maiſon & pour un Bourg au Seigneur d'un autre Village. Un Praticien, un Marchand qui ſe trouve poſſeſſeur d'un ancien Fief, reçoit foi & hommage d'un autre Fermier ou d'un Pair du Royaume qui aura acheté un arriére-fief dans ſa cenſive. Les

loix

loix de Fiefs ne ſubſiſtent plus , mais ces vieilles coutumes de mouvances , d'hommages , de redevances ſubſiſtent encore : dans la plupart des Tribunaux on admet cette maxime , *nulle Terre ſans Seigneur* , comme ſi ce n'étoit pas aſſez d'appartenir à la Patrie.

Quand la France , l'Italie & l'Allemagne furent ainſi partagées ſous un nombre innombrable de petits Tyrans, les armées dont la principale force avoit été l'Infanterie ſous Charlemagne , ainſi que ſous les Romains , ne furent plus que de la Cavalerie. On ne connut plus que les Gens d'armes ; les Gens de pied n'avoient pas ce nom , parce qu'en comparaiſon des hommes de cheval ils n'étoient point armés.

Les moindres poſſeſſeurs de Chatellenies ne ſe mettoient en campagne qu'avec le plus de chevaux qu'ils pouvoient , & le faſte conſiſtoit alors à mener avec ſoi des
Ecu-

Ecuyers qu'on appella *vaslets* du mot *vassalet*, petit vassal. L'honneur étant donc mis à ne combattre qu'à cheval, on prit l'habitude de porter une armure complette de fer, qui eût accablé un homme à pied de son poids. Les brassars, les cuissars furent une partie de l'habillement. On prétend que Charlemagne en avoit eu, mais ce fut vers l'an mille que l'usage en fut commun.

Quiconque étoit riche devint presqu'invulnérable à la guerre ; & c'étoit alors qu'on se servit plus que jamais de massues pour assommer ces Chevaliers que les pointes ne pouvoient percer. Le plus grand commerce alors fut en cuirasses, en boucliers, en casques ornés de plumes.

Les Paysans qu'on traînoit à la guerre, seuls exposés & méprisés, servoient de pionniers plutôt que de combattans. Les chevaux plus estimés qu'eux, furent bardés de

fer,

fer, leur tête fut armée de chamfrains.

On ne connut guéres alors de loix que celles que les plus puiſſans firent pour le ſervice des Fiefs. Tous les autres objets de la Juſtice diſtributive furent abandonnés au caprice des Maîtres-d'hôtel, Prévôts, Baillis, nommés par les poſſeſſeurs des Terres.

Les Sénats de ces Villes qui ſous Charlemagne & ſous les Romains avoient joui du gouvernement municipal, furent abolis preſque partout. Le mot de *Senior*, *Seigneur*, affecté longtems à ces principaux du Sénat des Villes, ne fut plus donné qu'aux poſſeſſeurs des Fiefs.

Le terme de Pair commençoit alors à s'introduire dans la Langue Gallo-Tudeſque, qu'on parloit en France. Il venoit du mot Latin *par*, qui ſignifie *égal* ou *confrére*. On ne s'en étoit ſervi que dans ce ſens ſous la premiére & la ſeconde Race des Rois de France.

Les

Les enfans de Louis le Débonnaire s'appellérent *pares* dans une de leurs entrevues l'an 851 ; & long-tems auparavant Dagobert donne le nom de *pairs* à des Moines. Godegrand, Evêque de Metz du tems de Charlemagne, appelle *Pairs* des Evêques & des Abbés, ainfi que le marque le favant Du Cange.

Les Vaffaux d'un même Seigneur s'accoutumérent donc à s'appeller *Pairs*.

Alfred le Grand avoit établi en Angleterre les Jurés, c'étoit des Pairs dans chaque profeffion. Un homme dans une caufe criminelle choififfoit douze hommes de fa profeffion pour être juges. Quelques Vaffaux en France en uférent ainfi, mais le nombre des Pairs n'étoit pas pour cela déterminé à douze. Il y en avoit dans chaque Fief autant que de Barons qui relevoient du même Seigneur, & qui étoient Pairs entre eux, mais non Pairs de leur Seigneur féodal.

Les

Les Princes qui rendoient un hommage immédiat à la Couronne, tels que les Ducs de Guyenne, de Normandie, de Bourgogne, les Comtes de Flandres, de Touloufe, étoient donc en effet des Pairs de France.

Hugues Capet n'étoit pas le moins puiffant. Il poffédoit depuis longtems le Duché de France, qui s'étendoit jufqu'en Touraine. Il étoit Comte de Paris. De vaftes domaines en Picardie & en Champagne lui donnoient encore une grande autorité dans ces Provinces. Son frére avoit ce qui compofe aujourd'hui le Duché de Bourgogne. Son grand-pére Robert le Fort, & fon grand-oncle Eudes ou Odon, avoient tous deux porté la couronne du tems de Charles le Simple. Hugues fon pére, furnommé l'Abbé à caufe des Abbaïes de St. Denis, de St. Martin de Tours, de St. Germain des Prez, & de tant d'autres qu'il poffédoit, avoit é-
branlé

branlé & gouverné la France. Ainsi l'on peut dire, que depuis l'année 810, où le Roi Eudes commença son régne, sa Maison a gouverné sans interruption ; & que si on excepte Hugues l'Abbé qui ne voulut pas prendre la Couronne Royale, elle forme une suite de Souverains de plus de 850 ans, filiation unique parmi les Rois.

On sait comment Hugues Capet, Duc de France, Comte de Paris, enleva la couronne au Duc Charles oncle du dernier Roi Louis V. Si les suffrages eussent été libres, le sang de Charlemagne respecté, & le droit de succession aussi sacré qu'aujourd'hui, Charles auroit été Roi de France. Ce ne fut point un Parlement de la Nation qui le priva du droit de ses ancêtres ; ce fut ce qui fait & défait les Rois, la force aidée de la prudence.

Tandis que Louis, ce dernier Roi du Sang Carlovingien, étoit prêt à finir à l'âge de 23 ans sa vie obscure

par

par une maladie de langueur, Hugues Capet assembloit déjà ses forces ; & loin de recourir à l'autorité d'un Parlement, il sut dissiper avec des troupes un Parlement qui se tenoit à Compiégne pour assurer la succession à Charles. La lettre de Gerbert, depuis Archevêque de Rheims & Pape sous le nom de Sylvestre II. déterrée par Duchesne, en est un témoignage autentique.

Charles Duc de Brabant & de Hainaut, Etats qui composoient la basse Lorraine, succomba sous un rival plus puissant & plus heureux que lui ; trahi par l'Evêque de Laon, surpris & livré à Hugues Capet, il mourut captif dans la tour d'Orléans ; & deux enfans mâles qui ne purent le venger, mais dont l'un eut cette basse Lorraine, furent les derniers Princes de la postérité masculine de Charlemagne. Hugues Capet devenu Roi de ses Pairs, n'en eut pas un plus grand domaine.

ETAT

ETAT

DE LA

FRANCE

AU X & XI. SIECLES.

LA France démembrée languit dans des malheurs obscurs depuis Charles le Gros jusqu'à Philippe I. arriére - petit fils de Hugues Capet, près de 250 années. Nous verrons si les Croisades qui signalérent le régne de Philippe I. à la fin de l'XI. Siécle, rendirent la France plus florissante. Mais dans l'espace de tems dont je parle, tout ne fut que confusion, tyrannie, barbarie & pauvreté. Chaque Seigneur un peu considérable faisoit battre monnoie, mais c'étoit à qui l'altéreroit. Les belles Manufactures étoient en Gréce.

ce & en Italie. Les François ne pouvoient les imiter dans des Villes
fans privilége, & dans un Pays
fans union.

De tous les événemens de ce
tems, le plus digne de l'attention
d'un Citoyen eft l'excommunication du Roi Robert. Il avoit
époufé Berthe fa coufine au quatriéme degré; mariage en foi légitime, & de plus néceffaire au
bien de l'Etat. Nous avons vu de
nos jours des particuliers époufer
leurs niéces, & acheter au prix
ordinaire les difpenfes à Rome;
comme fi Rome avoit des droits
fur des mariages qui fe font à Paris.
Le Roi de France n'éprouva pas
autant d'indulgence. L'Eglife Romaine dans l'aviliffement & les
fcandales où elle étoit plongée,
ofa impofer au Roi une pénitence
de fept ans, lui ordonna de quit-
ter fa femme, l'excommunia en
cas de refus. Le Pape interdit tous
les Evêques qui avoient affifté à

ce mariage, & leur ordonna de venir à Rome lui demander pardon. Tant d'audace paroît incroyable, mais l'ignorante superstition de ces tems peut l'avoir soufferte, & la politique peut l'avoir causée. Gregoire V. qui fulmina cette excommunication, étoit Allemand, & gouverné par Gerbert ci-devant Archevêque de Rheims, ennemi de la Maison de France. L'Empereur Othon III. peu ami de Robert, assista lui-même au Concile où l'excommunication fut prononcée : tout cela fait croire que la Raison d'Etat eut autant de part à cet attentat, que le fanatisme.

Les Historiens disent que cette excommunication fit en France tant d'effet, que tous les Courtisans du Roi & ses propres Domestiques l'abandonnèrent, & qu'il ne lui resta que deux Serviteurs qui jettoient au feu le reste de ses repas

pas

pas, ayant horreur de ce qu'avoit touché un excommunié. Quelque dégradée que fût alors la Raiſon humaine, il n'y a pas d'apparence que l'abſurdité pût aller ſi loin. Le premier Auteur qui a écrit cet excès de l'abrutiſſement de la Cour de France, eſt le Cardinal Pierre Damien, qui n'écrivit que 64 ans après. Il rapporte qu'en punition de cet inceſte prétendu, la Reine accoucha d'un monſtre ; mais il n'y eut rien de monſtrueux dans toute cette affaire, que l'audace du Pape, & la foibleſſe du Roi qui ſe ſépara de ſa femme.

Les excommunications, les interdits ſont des foudres qui n'embraſent un Etat que quand ils trouvent des matiéres combuſtibles. Il n'y en avoit point alors, mais peut-êtreRobert craignoit-il qu'il ne s'en formât.

La condeſcendance du Roi Robert enhardit tellement les Papes,

que

que son petit-fils Philippe I. fut excommunié comme lui. D'abord le fameux Gregoire VII. le menaça de le déposer en 1075 , s'il ne se justifioit de l'accusation de simonie devant ses Nonces. Un autre Pape l'excommunia en effet. Philippe s'étoit dégoûté de sa femme , & étoit amoureux de Bertrade épouse du Comte d'Anjou. Il se servit du ministére des loix pour casser son mariage sous prétexte de parenté , & Bertrade sa Maîtresse fit casser le sien avec le Comte d'Anjou sous le même prétexte.

Le Roi & sa Maîtresse furent ensuite mariés solemnellement par les mains d'un Evêque de Bayeux. Ils étoient condamnables, mais ils avoient au moins rendu ce respect aux loix , que de se servir d'elles pour couvrir leurs fautes. Quoi qu'il en soit, un Pape avoit excommunié Robert pour avoir épouse

fé fa parente, & un autre Pape excommunia Philippe pour avoir quitté fa parente. Ce qu'il y a de plus fingulier, c'eft qu'Urbain II. qui prononça cette Sentence, la prononça dans les propres Etats du Roi, à Clermont en Auvergne, où il venoit chercher un azile, & dans ce même Concile où nous verrons qu'il prêcha la Croifade.

Cependant il ne paroît point que Philippe excommunié ait été en horreur à fes Sujets ; c'eft une raifon de plus pour douter de cet abandon général, où l'on dit que le Roi Robert avoit été réduit.

Ce qu'il y eut d'affez remarquable, c'eft le mariage du Roi Henri pére de Philippe avec une Princeffe Mofcovite. Les Mofcovites ou Ruffes commençoient à être Chrétiens ; mais ils n'avoient aucun commerce avec le refte de l'Europe. Ils habitoient au-delà de la
Po-

Pologne, à peine Chrétienne elle-même, & sans aucune correspondance avec la France. Cependant le Roi Henri envoya jusqu'en Russie demander la fille du Souverain, à qui les autres Européens donnoient le titre de Duc, aussi bien qu'au Chef de la Pologne. Les Russes le nommoient dans leur langage *Tzaar*, dont on a fait depuis le mot de *Czar*. On prétend que Henri se détermina à ce mariage, dans la crainte d'essuyer des querelles Ecclésiastiques. De toutes les superstitions de ces tems-là, ce n'étoit pas la moins nuisible au bien des Etats, que celle de ne pouvoir épouser sa parente au septiéme degré. Presque tous les Souverains de l'Europe étoient parens de Henri. Quoi qu'il en soit, Anne fille de Jaraslau Czar de Moscovie fut Reine de France ; & il est à remarquer qu'après la mort de son mari, elle n'eut point la

Tom. I.   M   Ré-

1060.   Régence & n'y prétendit point.

Les loix changent selon les tems. Ce fut le Comte de Flandres, un des Vassaux du Royaume, qui en fut Régent. La Reine veuve se remaria à un Comte de Crepi. Tout cela seroit singulier aujourd'hui, & ne le fut point alors.

Ni Henri, ni Philippe I. ne firent rien de mémorable, mais de leur tems leurs Vassaux & Arriéres-vassaux conquirent des Royaumes.

CON-

CONQUETE

DE LA

SICILE

PAR LES NORMANDS.

LE goût des pélérinages & des avantures régnoit alors. Quelques Normands ayant été en Palestine vers l'an 983 , passérent à leur retour sur la Mer de Naples dans la Principauté de Salerne. Les Seigneurs de ce petit Etat l'avoient usurpé sur les Empereurs de Constantinople. Gaimar, Prince de Salerne, étoit assiégé dans sa Capitale par les Mahométans. Les Avanturiers Normands lui offrirent leurs services, & l'aidérent à faire lever le siége. De retour chez eux, comblés des présens du Prince, ils engagérent d'autres Avanturiers à chercher leur fortune à

M 2

son

son service.   Peu à peu les Normands reprirent l'habitude de leurs péres de passer les mers. Un d'eux, nommé Raoul, alla l'an 1016 avec une troupe choisie offrir au Pape Benoit VIII. ses services contre les Mahométans.   Le Pape le pria de le secourir plutôt contre l'Empereur d'Orient, qui dépouillé de tout en Occident soutenoit encore quelques droits contre l'Eglise dans la Calabre & dans la Pouille.   Les Normands auxquels il étoit très-indifférent de se battre contre des Musulmans, ou contre des Chrétiens, servirent très-bien le Pape contre leur ancien Souverain. Bientôt après Tancréde de Hauteville, du territoire de Coutance en Normandie, alla dans la Pouille avec plusieurs de ses enfans, vendant toujours leurs services à qui les payoit le mieux.   Ils passérent des petites armées du Duc de Capoue à celles du Duc de Salerne ; ils servirent contre les Sarrasins, s'armé-

mérent enfuite contre les Grecs, &
enfin contre les Papes, ayant pour
ennemis tous ceux qu'ils pouvoient
dépouiller.

Le Pape Léon IX. fe fervit contre eux d'excommunications. Guillaume Fierabra fils de Tancréde,
& fes fréres Humfroy, Robert &
Richard, Chefs de ces Normands,
après avoir vaincu la petite armée
du Pape, l'affiégérent dans un Château près de Bénévent, le prirent
prifonnier, le gardérent plus d'une
année, & ne le relâchérent que
quand il fut attaqué d'une maladie, dont il alla mourir à Rome.

Il fallut bientôt que la Cour de
Rome pliât fous ces nouveaux u-
furpateurs. Elle leur céda une partie des patrimoines que les Empereurs d'Occident lui avoient donné
fans en être les maîtres.

Le Pape Nicolas II. alla lui-même dans la Pouille trouver ces Normands, toujours excommuniés &
toujours donnant la loi. Il céda à

1059.

 Ri-

Richard la Principauté de Capoue, à Robert Guichard la Pouille, la Calabre & la Sicile entiére, que Robert Guichard commençoit à conquérir fur les Sarrafins. Robert fe foumit de fon côté envers le Pape à la redevance perpétuelle de douze deniers monnoie de Pavie pour chaque paire de bœufs dans tous les pays qu'on lui cédoit, & lui fit hommage de ce que fes fréres & lui avoient conquis fur les Chrétiens & fur les Mahométans. Enfin en 1101 Roger, petit-fils de Tancréde & frére de ce Boemond fi célébre dans les Croifades, acheva de conquérir fur les Mahométans toute la Sicile, dont les Papes font demeurés toujours Seigneurs Suzerains.

CON-

CONQUETE

DE
L'ANGLETERRE
PAR GUILLAUME DUC DE NORMANDIE.

Tandis que des simples Cîtoyens de Normandie fondoient si loin des Royaumes, leurs Ducs en acquéroient un plus beau, sur lequel les Papes osérent prétendre le même droit que sur la Sicile. La Nation Britannique étoit, malgré sa fierté, destinée à se voir toujours gouvernée par des étrangers. Après la mort d'Alfred arrivée en 900, l'Angleterre retomba dans la confusion & la barbarie. Les anciens Anglo-Saxons ses premiers vainqueurs, & les Danois ses usurpateurs nouveaux, s'en disputoient

toient

toient toujours la poſſeſſion, & de nouveaux Pirates Danois venoient encore ſouvent partager les dépouilles. Çes Pirates continuoient d'être ſi terribles & les Anglois ſi foibles, que vers l'année 1000 on ne put ſe racheter d'eux qu'en payant quarante-huit mille livres ſterling. On impoſa pour lever cette ſomme, une taxe qui dura depuis aſſez longtems en Angleterre, ainſi que la plupart des autres taxes qu'on continue toujours de lever après le beſoin. Ce tribut humiliant fut appellé Argent Danois, *Dann-geld.*

Canut Roi de Dannemarc qu'on a nommé le Grand, & qui n'a fait que de grandes cruautés, remit ſous ſa domination en 1017 le Dannemarc & l'Angleterre. Les naturels Anglois furent traités alors comme des eſclaves. Les Auteurs de ce tems avouent que quand un Anglois rencontroit un Danois, il fal-

falloit qu'il s'arrêtât jufqu'à ce que le Danois eût paffé.

La race de Canut ayant manqué en 1041, les Etats du Royaume reprenant leur liberté, déférérent la couronne à Edouard, un defcendant des anciens Anglo-Saxons, qu'on appelle le Saint & le Confeffeur. Une des grandes fautes ou un des grand malheurs de ce Roi, fut de n'avoir point d'enfans de fa femme Edithe, fille du plus puiffant Seigneur du Royaume. Il haïffoit fa femme ainfi que fa propre mére pour des raifons d'Etat, & les fit éloigner l'une & l'autre. La ftérilité de fon mariage fervit à fa canonifation. On prétendit qu'il avoit fait vœu de chafteté : vœu téméraire dans uu mari, & abfurde dans un Roi qui avoit befoin d'héritiers. Ce vœu, s'il fut réel, prépara de nouveaux fers à l'Angleterre.

Les mœurs & les ufages de ce tems-là ne reffemblent en rien aux

nô-

nôtres. Guillaume VIII. Duc de Normandie , qui conquit l'Angleterre , loin d'avoir aucun droit sur ce Royaume , n'en avoit pas même sur la Normandie , si la naissance donnoit les droits. Son pére le Duc Robert qui ne s'étoit jamais marié , l'avoit eu de la fille d'un Pelletier de Falaise , que l'Histoire appelle *Harlot* , terme qui signifioit & signifie encore aujourd'hui en Anglois *concubine* ou *femme publique*. Ce bâtard reconnu du vivant de son pére pour héritier légitime , se maintint par son habileté & par sa valeur contre tous ceux qui lui disputoient son Duché. Il régnoit paisiblement en Normandie , & la Bretagne lui rendoit hommage , lorsqu'Edouard le Confesseur étant mort , il prétendit au Royaume d'Angleterre. Le droit de succession ne paroissoit alors établi dans aucun Etat de l'Europe : la couronne d'Allemagne étoit élective, l'Espagne étoit

par-

partagée entre les Chrétiens & les Musulmans. La Lombardie changeoit chaque jour de Maître. La Race Carlovingienne détrônée en France, faisoit voir ce que peut la force contre le droit du sang. Edouard le Confesseur n'avoit point joui du trône à titre d'héritage. Harold successeur d'Edouard n'étoit point de sa race, mais il avoit le plus incontestable de tous les droits, les suffrages de toute la Nation. Guillaume le Bâtard n'avoit pour lui ni le droit d'élection, ni celui d'héritage, ni même aucun parti en Angleterre. Il prétendit que dans un voyage qu'il fit autrefois dans cette Ile, le Roi Edouard avoit fait en sa faveur un testament que personne ne vit jamais. Il disoit encore qu'autrefois il avoit délivré de prison Harold, & qu'il lui avoit cédé ses droits sur l'Angleterre. Il appuya ses foibles raisons d'une forte armée.

Les Barons de Normandie as-

sem-

semblés en forme d'Etats, refusérent de l'argent à leur Duc pour cette expédition, parce que s'il ne réussissoit pas, la Normandie en resteroit apauvrie, & qu'un heureux succès la rendroit Province d'Angleterre ; mais plusieurs Normands hazardérent leur fortune avec leur Duc. Un seul Seigneur nommé Fiz Othbern équipa quarante vaisseaux à ses dépens. Le Comte de Flandre, beau-pére du Duc Guillaume, le secourut de quelque argent. Le Pape même entra dans ses intérêts. Il excommunia tous ceux qui s'opposeroient aux desseins de Guillaume. Enfin il partit de Saint Valeri avec une flotte nombreuse. On ne sait combien il avoit de vaisseaux, ni de soldats. Il aborda sur les côtes de Sussex, & bientôt après se donna dans cette Province la fameuse bataille de Hastings, qui décida seule du sort de l'Angleterre. Les Anglois ayant leur Roi Harold à leur tête, & les Nor-

14 Octobre. 1066.

Normands conduits par leur Duc, combattirent pendant douze heures. La gendarmerie qui commençoit à faire ailleurs la force des armées, ne paroît pas avoir été employée dans cette bataille. Les Chefs y combattirent à pied, Harold & deux de ses freres y furent tués. Le vainqueur s'approcha de Londres, portant devant lui une banniére benite, que le Pape lui avoit envoyée. Cette banniére fut l'étendart auquel tous les Evêques se ralliérent en sa faveur. Ils vinrent aux portes avec le Magistrat de Londres lui offrir la couronne qu'on ne pouvoit refuser au vainqueur.

Guillaume fut gouverner comme il fut conquérir. Plusieurs révoltes étouffées, des irruptions des Danois rendues inutiles, des loix rigoureuses durement exécutées signalérent son régne. Anciens Bretons, Danois, Anglo-Saxons, tous furent confondus dans le même es-

M 7

cla-

clavage. Les Normands qui avoient eu part à sa victoire, partagérent par ses bienfaits les terres des vaincus. De-là toutes ces Familles Normandes, dont les descendans ou du-moins les noms subsistent encore en Angleterre. Il fit faire un dénombrement exact de tous les biens des Sujets, de quelque nature qu'ils fussent. On prétend qu'il en profita pour se faire en Angleterre un revenu de quatre cens mille livres sterling ; ce qui feroit aujourd'hui environ cinq millions sterling, & plus de cent millions de France. Il est évident qu'en cela les Historiens se sont trompés. L'Etat d'Angleterre d'aujourd'hui, qui comprend l'Ecosse & l'Irlande, n'a pas un si gros revenu, si vous en déduisez ce qu'on paye pour les anciennes dettes du Gouvernement. Ce qui est sûr, c'est que Guillaume abolit toutes les loix du Pays pour y introduire celles de Normandie. Il ordonna

qu'on

qu'on plaidât en Normand, & depuis lui tous les Actes furent expé-
diés en cette langue jusqu'à E-
douard III. Il voulut que la langue des vainqueurs fût la seule du
Pays. Des Écoles de la Langue
Normande furent établies dans
toutes les Villes & les Bourgades.
Cette langue étoit le François mê-
lé d'un peu de Danois : idióme
barbare, qui n'avoit aucun avantage sur celui qu'on parloit en Angleterre. On prétend qu'il traitoit
non seulement la Nation vaincue
avec dureté, mais qu'il affectoit
encore des caprices tiranniques.
On en donne pour exemple la *Loi
du couvre-feu*, par laquelle il falloit au son de la cloche éteindre le
feu dans chaque maison à huit heures du soir. Mais cette loi bien
loin d'être tyrannique, n'est qu'u-
ne ancienne police Ecclésiastique,
établie presque dans tous les anciens Cloîtres du Pays du Nord.
Les maisons étoient bâties de bois,

&

& la crainte du feu étoit un objet des plus importans de la Police générale.

On lui reproche encore d'avoir détruit tous les Villages qui se trouvoient dans un circuit de quinze lieues, pour en faire une Forêt, dans laquelle il pût goûter le plaisir de la chasse. Une telle action est trop insensée pour être vraisemblable. Les Historiens ne font pas attention qu'il faut au moins vingt années pour qu'un nouveau plan d'arbres devienne une Forêt propre à la chasse. On lui fait semer cette Forêt en 1080, il avoit alors 63 ans. Quelle apparence y a-t-il qu'un homme raisonnable ait à cet âge détruit des Villages pour semer quinze lieues en bois dans l'espérance d'y chasser un jour?

Le Conquérant de l'Angleterre fut la terreur du Roi de France Philippe I. qui voulut abaisser trop tard un Vassal si puissant, & se jetta sur le Mayne, qui dépendoit

alors

alors de la Normandie. Guillaume repaſſa la mer, reprit le Mayne, & contraignit le Roi de France à demander la paix.

Les prétentions de la Cour de Rome n'éclatérent jamais plus ſinguliérement qu'avec ce Prince. Le Pape Gregoire VII. prit le tems qu'il faiſoit la guerre à la France pour demander qu'il lui rendît hommage du Royaume d'Angleterre. Cet hommage étoit fondé ſur cet ancien Denier de Saint Pierre, qu'une partie de l'Angleterre payoit à l'Egliſe de Rome. Il revenoit à environ trois livres de notre monnoie par chaque maiſon : aumône trop forte que les Papes regardoient comme un tribut. Guillaume le Conquérant fit dire au Pape, qu'il pourroit bien continuer l'aumône, mais au lieu de faire hommage il fit défenſe en Angleterre de ne reconnoître d'autre Pape que celui qu'il aprouve-

roit,

roit. La proposition de Gregoire VII. devint par-là ridicule à force d'être audacieuse. C'est ce même Gregoire VII. qui bouleversoit l'Europe pour élever le Sacerdoce au-dessus de l'Empire ; mais avant de parler de cette querelle mémorable & des Croisades qui prirent naissance dans ces tems , il faut voir en peu de mots en quel état étoient les autres Pays de l'Europe.

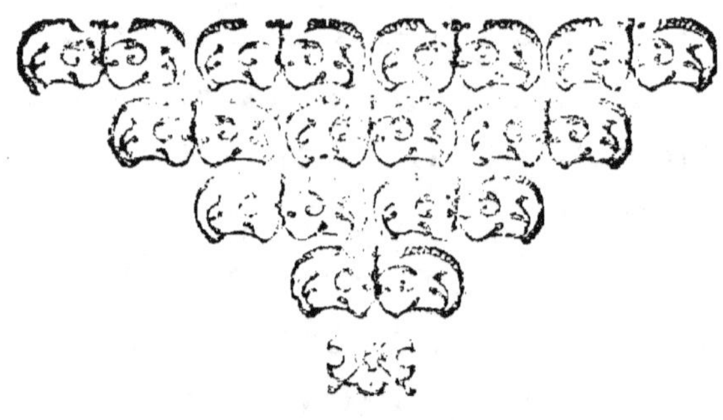

DE

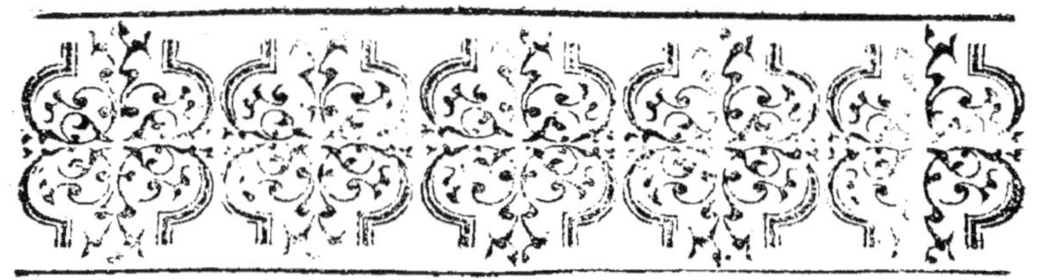

DE L'ETAT

OU' ETOIT

L'EUROPE

AU X. ET XI. SIECLES.

LA Ruffie avoit embraffé le Chriftianifme à la fin du VIII. Siécle. Les femmes étoient deftinées à convertir les Royaumes. Une fœur des Empereurs Bafile & Conftantin, mariée au pére de ce Czar Jaraflau, dont j'ai parlé, obtint de fon mari qu'il fe feroit baptifer. Les Ruffes efclaves de leur Maître l'imitérent, mais ils ne prirent du Rit Grec que les fuperftitions.

Environ dans ce tems-là une femme attira encore la Pologne au Chriftianifme. Wiceflas Duc de
Po-

Pologne fut converti par sa femme sœur du Duc de Bohême. J'ai déjà remarqué que les Bulgares avoient reçu la foi de la même maniére. Giselle sœur de l'Empereur Henri fit encore Chrétien son mari Roi de Hongrie dans la premiére année du XI. Siécle ; ainsi il est très-vrai que la moitié de l'Europe doit aux femmes son Christianisme.

La Suéde chez qui elle avoit été prêchée dès le IX. Siécle , étoit redevenue idolâtre. La Bohême & tout ce qui est au Nord de l'Elbe, renonça au Christianisme en 1013. Toutes les côtes de la Mer Baltique vers l'Orient étoient payennes. Les Hongrois en 1047 retournérent au Paganisme. Mais toutes ces Nations étoient beaucoup plus loin encore d'être polies, que d'être Chrétiennes.

La Suéde, probablement depuis longtems épuisée d'habitans par ces anciennes émigrations dont

l'Eu=

l'Europe fut inondée, paroît dans le VIII. IX. X. & XI. Siécles comme ensevelie dans sa barbarie, sans guerre & sans commerce avec ses voisins; elle n'a part à aucun grand événement, & n'en fut probablement que plus heureuse.

La Pologne beaucoup plus barbare que Chrétienne conserva jusqu'au XIII. Siécle toutes les coutumes des anciens Sarmates, de tuer leurs enfans qui naissoient imparfaits, & les vieillards invalides. Qu'on juge par - là du reste du Nord.

L'Empire de Constantinople n'étoit ni plus resserré ni plus agrandi que nous l'avons vu au IX Siécle. A l'Occident il se défendoit contre les Bulgares, à l'Orient & au Nord contre les Turcs & les Arabes.

On a vu en général ce qu'étoit l'Italie : des Seigneurs particuliers partageoient tout le Pays depuis Rome jusqu'à la Mer de la Calabre;

bre ; & les Normands en avoient la plus grande partie. Florence, Milan, Pavie, se gouvernoient par leurs Magistrats sous des Comtes, ou sous des Ducs nommés par les Empereurs. Bologne étoit plus libre.

La Maison de Maurienne dont descendent les Ducs de Savoye, Rois de Sardaigne, commençoit à s'établir. Elle possédoit comme Fief de l'Empire la Comté héréditaire de Savoye & de Maurienne, depuis que Humbert aux blanches mains, tige de cette Maison, avoit eu en 888 ce petit démembrement du Royaume de Bourgogne.

Les Suisses & les Grisons détachés aussi de ce même Royaume, obéissoient aux Baillis que les Empereurs nommoient.

Deux Villes maritimes d'Italie commençoient à s'élever non par ces invasions subites qui ont fait les droits de presque tous les Princes

qui

qui ont passé en revue, mais par une industrie sage qui dégénéra aussi bientôt en esprit de conquête. Ces deux Villes étoient Gennes & Venise. Gennes célébre du tems des Romains, regardoit Charlemagne comme son restaurateur. Cet Empereur l'avoit rebâtie quelque tems après que les Goths l'avoient détruite. Gouvernée par des Comtes sous Charlemagne & ses premiers descendans, elle fut saccagée au X. Siécle par les Mahométans, & presque tous ses citoyens furent emmenés en servitude. Mais comme c'étoit un Port commerçant, elle fut bientôt repeuplée. Le Négoce qui l'avoit fait fleurir, servit à la rétablir. Elle devint alors une République. Elle prit l'Ile de Corse sur les Arabes, qui s'en étoient emparés. C'est ici qu'il faut se souvenir que Louis le Débonnaire avoit donné la Corse aux Papes. Ils exigérent un tribut des Génois pour cette Ile. Les Génois payérent

rent ce tribut au commencement de l'XI. Siécle, mais bientôt après ils s'en affranchirent sous le Pontificat de Lucius II. Enfin leur ambition croissant avec leurs richesses, de Marchands ils voulurent devenir Conquérans.

La Ville de Venise bien moins ancienne que Gennes affectoit le frivol honneur d'une plus ancienne liberté, & jouissoit de la gloire solide d'une puissance bien supérieure. Ce ne fut d'abord qu'une retraite de pêcheurs & de quelques fugitifs, qui s'y réfugiérent au commencement du V. Siécle, quand les Goths ravageoient l'Italie. Il n'y avoit pour toute Ville que des cabanes sur le Rialto. Le nom de Venise n'étoit point encore connu. Ce Rialto bien loin d'être libre, fut pendant trente années une simple Bourgade appartenant à le Ville de Padoue, qui le gouvernoit par des Consuls. La vicissitude des cho-

ses

ſes a mis depuis Padoue ſous le joug de Veniſe.

Il n'y a aucune preuve que ſous les Rois Lombards Veniſe ait eu une liberté reconnue. Il eſt plus vraiſemblable que ſes habitans furent oubliés dans leurs marais.

Le Rialto & les petites Iles voiſines ne commencérent qu'en 709 à ſe gouverner par leurs Magiſtrats. Ils furent alors indépendans de Padoue, & ſe regardérent comme une Répubblique.

C'eſt en 709 qu'ils eurent leur premier Doge, qui ne fut qu'un Tribun du Peuple élu par des Bourgeois. Pluſieurs familles qui donnérent leur voix à ce premier Doge, ſubſiſtent encore. Elles ſont les plus anciens Nobles de l'Europe, ſans en excepter aucune Maiſon ; & prouvent que la Nobleſſe peut s'acquérir autrement qu'en poſſédant un Château, ou en payant des Patentes à un Souverain.

Héraclée fut le premier Siége de

cette République jusqu'à la mort de son troisiéme Doge. Ce ne fut que vers la fin du IX. Siécle que ces Insulaires retirés plus avant dans leurs lagunes, donnérent à cet assemblage de petites Iles qui formérent une Ville, le nom de Venise, du nom de cette côte qu'on appelloit *terræ Venetorum*. Les habitans de ces marais ne pouvoient subsister que par leur commerce. La nécessité fut l'origine de leur puissance. Il n'est pas assûrément bien décidé que cette République fût alors indépendante. On voit que Bérenger reconnu quelque tems Empereur en Italie, accorda l'an 950 au Doge le privilége de battre monnoie. Ces Doges même étoient obligés d'envoyer anx Empereurs en redevance un manteau de drap d'or tous les ans, & Othon III. leur remit en 998 cette espéce de petit tribut. Mais ces légéres marques de vassalité n'ôtoient rien à la véritable puissance de Venise;

car

car tandis que les Vénitiens payoient un manteau d'étoffe d'or aux Empereurs, ils acquirent par leur argent & par leurs armes toute la Province d'Istrie, & presque toutes les côtes de Dalmatie, Spalatro, Raguze, Narenta. Leur Doge prenoit vers le milieu du X. Siécle le titre de *Duc de Dalmatie*; mais ces conquêtes enrichissoient moins Venise que le Commerce, dans lequel elle surpassoit encore les Génois; car tandis que les Barons d'Allemagne & de France bâtissoient des donjons & opprimoient les peuples, Venise attiroit leur argent, en leur fournissant toutes les denrées de l'Orient. Les Mers étoient déja couvertes de leurs vaisseaux, & elle s'enrichissoit de l'ignorance & de la barbarie des Nations Septentrionales de l'Europe.

DE

DE L'ESPAGNE

ET DES

MAHOMÉTANS

DE CE ROYAUME, JUSQU'AU COMMENCEMENT DU XII. SIÉCLE.

L'Espagne étoit toujours partagée entre les Mahométans & les Chrétiens ; mais les Chrétiens n'en avoient pas la quatriéme partie, & ce coin de terre étoit la Contrée la plus stérile. L'Asturie dont les Princes prenoient le titre de *Rois de Léon*, une partie de la vieille Castille gouvernée par des Comtes, Barcelone & la moitié de la Catalogne aussi sous un Comte, la Navarre qui avoit un Roi, une partie de l'Arragon unis quelque tems à la Navarre ; voilà ce

qui

qui compofoit les Etats des Chrétiens. Les Arabes poffédoient le
Portugal, la Murcie, l'Andaloufie,
Valence, Grenade, Tortofe, &
s'étendoient au milieu des terres
par-delà les montagnes de la Caftille & de Sarragoffe. Le féjour des
Rois Mahométans étoit toujours à
Cordoue. Ils y avoient bâti cette
grande Mofquée, dont la voûte eft
foutenue de 365 Colonnes de mar-
bre précieux, & qui porte encore
parmi les Chrétiens le nom de la
Mofqueta, Mofquée, quoiqu'elle
foit devenue Cathédrale.

Les Arts y fleuriffoient; les plai-
firs recherchés, la magnificence,
la galanterie régnoient à la Cour
des Rois Maures. Les Tournois,
les Combats à la barriére font peut-
être de l'invention de ces Arabes.
Ils avoient des Spectacles, des
Théatres, qui tout groffiers qu'ils
étoient, montroient du-moins que
les autres Peuples étoient moins
polis que ces Mahométans. Cor-

N 3

doue

doue étoit le seul Pays de l'Occident où la Géométrie, l'Astronomie, la Chimie, la Médecine fussent cultivées. Sanche le Gros, Roi de Léon, fut obligé de s'aller mettre à Cordoue en 956 entre les mains de ce fameux Médecin Arabe, qui invité par le Roi voulut que le Roi vint à lui.

Cordoue est un Pays de délices arrosé par le Guadalquivir, où des forêts de citronniers, d'orangers, de grenadiers parfument l'air, & où tout invite à la mollesse.

Le luxe & le plaisir corrompirent enfin les Rois Musulmans. Leur domination fut au X. Siécle, comme celle de presque tous les Princes Chrétiens, partagée en petits Etats. Toléde, Murcie, Valence, Huesca même, eurent leurs Rois. C'étoit le tems d'accabler cette puissance divisée, mais les Chrétiens d'Espagne étoient plus divisés encore. Ils se faisoient une guerre continuelle, se réunissoient

pour

pour se trahir, & s'allioient souvent avec les Musulmans. Alphonse V. Roi de Léon, donna même l'année 1000 sa sœur Thérése en mariage au Sultan Abdala Roi de Tolede.

Les jalousies produisent plus de crimes entre les petits Princes qu'entre les grands Souverains. La guerre seule peut décider du sort des vastes Etats; mais les surprises, les perfidies, les assassinats, les empoisonnemens sont plus communs entre des rivaux voisins, qui ayant beaucoup d'ambition & peu de ressources, mettent en œuvre tout ce qui peut suppléer à la force. C'est ainsi qu'un Sancho Garcias, Comte Castille, empoisonna sa mere à la fin du X. Siécle, & que son fils Don Garcie fut poignardé par trois Seigneurs du Pays dans le tems qu'il alloit se marier.

Enfin en 1035 Ferdinand, fils de Sanche Roi de Navarre & d'Arragon, réunit sous sa puissance la

vieil-

vieille Caſtille , dont ſa famille avoit hérité par le meurtre de ce Don Garcie , & le Royaume de Léon dont il dépouilla ſon beau-frere , qu'il tua dans une bataille

Alors la Caſtille devint un Royaume , & Léon en fut une Province. Ce Ferdinand , non content d'avoir ôté la couronne de Léon & la vie à ſon beau-frere , enleva auſſi la Navarre à ſon propre frere , qu'il fit aſſaſſiner dans une bataille qu'il lui livra. C'eſt ce Ferdinand à qui les Eſpagnols ont prodigué le nom de *Grand* ; apparemment pour des-honorer ce titre trop prodigué aux uſurpateurs.

Son pere Don Sanche , ſurnom-mé auſſi le Grand pour avoir ſuc-cedé aux Comtes de Caſtille , & pour avoir marié un de ſes fils à la Princeſſe des Aſturies , s'étoit fait proclamer Empereur , & Don Ferdinand voulut auſſi prendre ce ti-tre. Il eſt ſûr qu'il n'y a , ni ne peut y avoir de titre affecté aux
Sou-

Souverains, que ceux qu'ils veulent prendre, & que l'usage leur donne. Le nom d'Empereur signifioit par-tout l'héritier des Césars & le maître de l'Empire Romain, ou du-moins celui qui prétendoit l'être. Il n'y a pas d'apparence que cette appellation pût être le titre distinctif d'un Prince mal affermi, qui gouvernoit la quatriéme partie de l'Espagne.

L'Empereur Henri III. & non Henri II. comme le disent tant d'Auteurs, mortifia la fierté Espagnole, en demandant à Ferdinand l'hommage de ses petits Etats comme d'un Fief de l'Empire. Il est difficile de dire quelle étoit la plus mauvaise prétention, celle de l'Empereur Allemand, ou celle de l'Espagnol. Ces idées vaines n'eurent aucun effet, & l'Etat de Ferdinand resta un petit Royaume libre.

C'est sous le régne de ce Ferdinand que vivoit Rodrigue surnommé le Cid, qui en effet épousa de-

N 5

puis

puis Chiméne, dont il avoit tué le pere. Tous ceux qui ne connoissent cette histoire que par la tragédie si célebre dans le siécle passé, croient que le Roi Don Ferdinand possédoit l'Andalousie.

Les fameux exploits du Cid furent d'abord d'aider Don Sanche, fils aîné de Ferdinand à dépouiller ses freres & ses sœurs de l'héritage que leur avoit laissé leur pere. Mais Don Sanche ayant été assassiné dans une de ses expéditions in-juste, ses freres rentrerent dans leurs Etats.

1073.

Ce fut alors qu'il y eut près de vingt Rois en Espagne soit Chrétiens soit Musulmans, & outre ces vingt Rois un nombre considérable de Seigneurs indépendans, qui venoient à cheval, armés de toutes piéces, & suivis de quelques Ecuyers offrir leurs services aux Princes ou aux Princesses qui étoient en guerre. Cette coutume, déja répandue en Europe, ne fut nulle part plus

plus accréditée qu'en Espagne. Les Princes à qui ces Chevaliers s'engageoient, leur ceignoient le baudrier, & leur faisoient présent d'une épée, dont ils leur donnoient un coup léger sur l'épaule. Les Chevaliers Chrétiens ajoutérent d'autres cérémonies à l'accolade. Ils faisoient la veille des armes devant un autel de la Vierge. Les Musulmans se contentoient de se faire ceindre un cimeterre. Ce fut là l'origine des Chevaliers errans, & de tant de combats particuliers.

Le plus célébre fut celui qui se fit après la mort du Roi Don Sanche, assassiné en assiégeant sa sœur Ouraca dans la Ville de Zamore. Trois Chevaliers soutinrent l'innocence de l'Infante contre Don Diégue de Lare qui l'accusoit. Ils combattirent l'un après l'autre en champ clos, en présence des Juges nommés de part & d'autre. Don Diégue renversa & tua deux des Chevaliers de l'Infante, & le

che-

cheval du troisiéme ayant les rênes coupées, & emportant son Maître hors des barriéres, le combat fut jugé indécis.

Parmi tant de Chevaliers le Cid fut celui qui se distingua le plus contre les Musulmans. Plusieurs Chevaliers se rangérent sous sa banniére, & tous ensemble avec leurs Ecuyers & leurs Gendarmes composoient une armée couverte de fer, montée sur les plus beaux chevaux du Pays. Le Cid vainquit plus d'un petit Roi Maure, & s'étant ensuite fortifié dans la Ville d'Alcosar, il s'y forma une Souveraineté.

Enfin il persuada à son Maître Alfonse V I. Roi de la vieille Castille d'assiéger la Ville de Toléde, & lui offrit tous ses Chevaliers pour cette entreprise. Le bruit de ce siége & la réputation du Cid, appellérent de l'Italie & de la France beaucoup de Chevaliers & de Princes. Raimond Comte de Tou-
louse,

loufe, & deux Princes du fang de France de la branche de Bourgogne, vinrent à ce fiége. Le Roi Mahométan nommé Hiaja, étoit fils d'un des plus généreux Princes dont l'Hiftoire ait confervé le nom. Almamon fon pere avoit donné dans Toléde un afile à ce même Roi Alfonfe que fon frere Sanche perfécutoit alors. Ils avoient vécu longtems enfemble dans une amitié peu commune, & Almamon loin de le retenir, quand après la mort de Sanche il devint Roi, & par conféquent à craindre, lui avoit fait part de fes tréfors. On dit même qu'ils s'étoient féparés en pleurant. Plus d'un Chevalier Mahométan fortirent des murs pour reprocher au Roi Alfonfe fon ingratitude envers fon bienfaiteur, & il y eut plus d'un combat fingulier fous les murs de Toléde.

Le fiége dura une année. Enfin Toléde capitula, mais à condition que l'on traiteroit les Mufulmans

1085

N 7

mans

mais comme ils en avoient ufé avec les Chrétiens ; qu'on leur laifferoit leur Religion & leurs Loix. Promeffe qu'on tint d'abord, & que le tems fit violer. Toute la Caftille neuve fe rendit enfuite au Cid, qui en prit poffeffion au nom d'Alfonfe ; & Madrid, petite Place, qui devoit un jour être la Capitale de l'Efpagne, fut pour la premiere fois au pouvoir des Chrétiens.

Plufieurs familles vinrent de France s'établir dans Toléde. On leur donna des priviléges qu'on appelle même encore en Efpagne *franfches*. Le Roi Alfonfe fit auffi-tôt une affemblée d'Evêques, laquelle fans le concours du peuple autrefois néceffaire, élut pour Evêque de Toléde un Prêtre nommé Bernard, à qui le Pape Gregoire VII. conféra la Primatie d'Efpagne à la priére du Roi. La conquête fut prefque toute pour l'Eglife ; mais le premier foin du Primat fut d'en abufer, en violant les conditions

que

que le Roi avoit jurées aux Maures. La grande Mosquée devoit rester aux Mahométans. L'Archevêque pendant l'absence du Roi, en fit une Eglise, & excita contre lui une sédition. Alfonse revint à Toléde, irrité contre l'indiscrétion du Prélat. Il alloit même le punir, & il fallut que les Mahométans à qui le Roi eut la sagesse de rendre la Mosquée, demandassent la grace de l'Archevêque.

Alfonse augmenta encore par un mariage les Etats qu'il gagnoit par l'épée du Cid. Soit politique, soit goût; il épousa Zaïd fille de Benabad nouveau Roi Maure d'Andalousie, & reçut en dot plusieurs Villes.

On lui reproche d'avoir conjointement avec son béaupere appellé en Espagne d'autres Mahométans d'Afrique. Il est difficile de croire qu'il ait fait une si étrange faute contre la politique, mais

tous

tous les Rois se conduisent quelquefois contre la vraisemblance.
Quoi qu'il en soit, une armée de
Maures vient fondre d'Afrique en
Espagne, & augmenter la confusion où tout étoit alors. Le Miramolin qui régnoit à Maroc, &
dont la race y régne encore, envoie son Général Abénana au secours du Roi d'Andalousie. Ce
Général trahit non seulement ce
Roi même à qui il étoit envoyé,
mais encore le Miramolin au nom
duquel il venoit. Enfin le Miramolin irrité vient lui-même combattre son Général perfide, qui
faisoit la guerre aux autres Mahométans, tandis que les Chrétiens
étoient aussi divisés entre eux.

L'Espagne étoit déchirée par
tant de Nations Mahométanes &
Chrétiennes, lorsque le Cid Don
Rodrigue à la tête de sa Chevalerie subjugua le Royaume de Valence. Il y avoit en Espagne peu
de Rois plus puissans que lui, mais

il

il n'en prit pas le nom, soit qu'il
préférât le titre de Cid, soit que
l'esprit de Chevalerie le rendît fidéle au Roi Alfonse son Maître.
Cependant il gouverna Valence
avec l'autorité d'un Souverain, re-
cevant des Ambassadeurs, & respecté de toutes les Nations. Après
sa mort, arrivée l'an 1096, les Rois
de Castille & d'Arragon continuérent toujours leurs guerres contre
les Maures. L'Espagne ne fut jamais plus sanglante & plus désolée.
Triste effet de l'ancienne conspira-
tion de l'Archevêque Opas & du
Comte Julien, qui faisoit au bout
de 400 ans & fit encore longtems
après les malheurs de l'Espagne.

DE

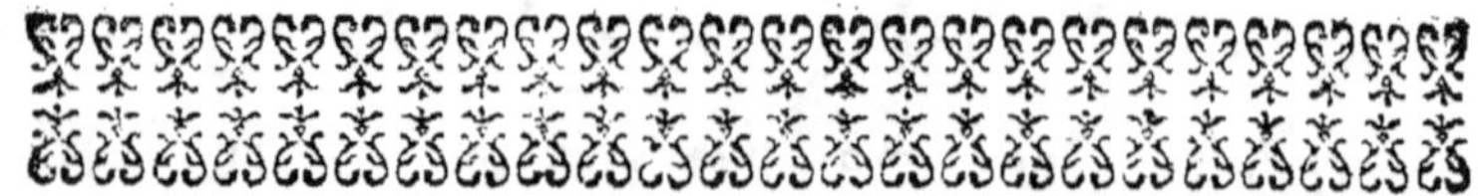

DE LA RELIGION
ET DE LA
SUPERSTITION
DE CES TEMS-LA.

LEs héréfies femblent être le fruit d'un peu de fcience & de loifir. On a vu que l'état où étoit l'Eglife au X. Siécle, ne permettoit guéres le loifir ni l'étude. Tout le monde étoit armé, & on ne fe difputoit que des richeffes. Cependant en France, du tems du Roi Robert, il y eut quelques Prêtres, & entre autres un nommé Etienne, Confeffeur de la Reine Conftance, accufés d'héréfie. On les appella Manichéens, pour leur donner un nom plus odieux; car ils n'enfeignoient rien des dogmes de Manès C'étoit probablement des anthoufiaftes, qui ten-

tendoient à une perfection outrée, pour dominer sur les esprits. C'est le caractére de tous les Chefs de Sectes. On leur imputa des crimes horribles & des sentimens dénaturés, dont on charge toujours ceux dont on ne connoît pas les dogmes. Ils furent juridiquement accufés de réciter les Litanies à l'honneur des Diables, d'éteindre enfuite les lumiéres, de se mêler indifféremment, & de bruler le premier des enfans qui naiffoient de ces inceftes, pour en avaler les cendres. Ce font à peu près les reproches qu'on faifoit aux premiers Chrétiens. Je crois que cette calomnie des Payens contre eux, étoit fondée fur ce que les Chrétiens faifoient quelquefois la Cêne, en mangeant d'un pain fait en forme de petits enfans pour repréfenter JESUS-CHRIST, comme il fe pratique encore dans quelques Eglifes Grecques. Ce qu'on peut recueillir de certain concernant les

opi-

1028.

opinions des Hérétiques dont je parle, c'est qu'ils enseignoient que Dieu n'étoit point en effet venu sur la Terre, n'étoit ni mort ni ressuscité, & que du pain & du vin ne pouvoient devenir son corps & son sang. Le Roi Robert & sa femme Constance se transportérent à Orléans, où se tenoient quelques assemblées de ceux qu'on appelloit Manichéens. Les Evêques firent bruler treize de ces malheureux. Le Roi, la Reine, assistérent à ce spectacle indigne de leur majesté. Jamais avant cette exécution on n'avoit en France livré au suplice aucun de ceux qui dogmatisent sur ce qu'ils n'entendent point. Il est vrai que Priscillien au IV. Siécle avoit été condamné à la mort dans Tréves avec sept de ses disciples. Mais la Ville de Tréves qui étoit alors dans les Gaules, n'est plus annexée à la France depuis la décadence de la famille de Charlemagne. Ce qu'il faut observer, c'est que

que Saint Martin de Tours ne voulut point communiquer avec les
Evêques qui avoient demandé le
sang de Priscillien. Il disoit hautement qu'il étoit horrible de con-
damner des hommes à la mort,
parce qu'ils se trompent. Il ne se
trouva point de Saint Martin du
tems du Roi Robert.

Il s'élevoit alors quelques légers
nuages sur l'Eucharistie, mais ils
ne formoient point encore d'orages. Je ne sai comment ce sujet
de querelle avoit échappé à l'imagination ardente des Chrétiens Grecs.
Il fut probablement négligé, parce
qu'il ne laissoit nulle prise à cette
métaphysique cultivée par les Docteurs depuis qu'ils eurent adopté
les idées de Platon. Ils avoient
trouvé de quoi exercer cette philosophie dans l'explication de la
Trinité, dans la consubstantialité
du Verbe, dans l'union des deux
Natures & des deux Volontés, enfin dans l'abîme de la Prédestina-
tion.

tion. La question de la *Présence réelle* étoit d'un autre genre, qui ne paroissoit pas soumis à la philosophie de ces tems. Aussi on se contenta de faire la Cêne le soir dans les premiers âges du Christianisme, & de communier à la Messe sous les deux espéces au tems dont je parle, sans avoir une idée fixe & déterminée sur ce mystére. Il paroît que dans beaucoup d'Eglises, & surtout en Angleterre, on croyoit qu'on ne mangeoit & qu'on ne buvoit JESUS-CHRIST que spirituellement. On trouve dans la Bibliothéque Bodléienne une Homélie du X. Siécle, dans laquelle sont ces propres mots : » C'est véri- » tablement par la consécration le » corps & le sang de JESUS-CHRIST, » non corporellement, mais spiri- » tuellement. Le corps dans le- » quel JESUS-CHRIST souffrit & le » corps Eucharistique sont entiére- » ment différens. Le premier étoit » composé de chair & d'os animés

» par

» par une ame raifonnable, mais
» ce que nous nommons Eucharif-
» tie n'a ni fang, ni os, ni ame.
» Nous devons donc l'entendre
» dans un fens fpirituel ".

Jean Scot, natif de Donfton en Angleterre, avoit longtems auparavant fous le régne de Charles le Chauve, & même, à ce qu'il dit par ordre de cet Empereur, foutenu la même opinion.

Du tems de Jean Scot, Ratramne Moine de Corbie & d'autres avoient écrit fur ce myftére d'une maniére à laiffer au moins douter s'ils croyoient la *Préfence réelle*. Car Ratramne dans fon écrit adreffé à l'Empereur Charles le Chauve, dit en termes exprès : » C'eft le corps de » JESUS-CHRIST qui eft vu, » reçu, & mangé non par les fens » corporels, mais par les yeux de » l'efprit fidéle ".

On avoit écrit contre eux, & le fentiment le plus commun étoit fans-doute qu'on mangeoit le vérible corps de JESUS-CHRIST, puisqu'on disputoit pour savoir si on le digeroit.

Enfin Bérenger, Archidiacre de Tours, enseigna vers 1050 par écrit & dans la chaire, que le corps véritable de JESUS-CHRIST n'est point & ne peut être dans du pain & dans du vin. Cette proposition révolta d'autant plus alors, que Bérenger ayant une très-grande réputation avoit d'autant plus d'ennemis. Celui qui se distingua le plus contre lui, fut Lanfranc de race Lombarde, né à Pavie, qui étoit venu chercher une fortune en France. Il balançoit la réputation de Bérenger. Voici comme il s'y prenoit pour le confondre dans son Traité *de corpore Domini.*

» On peut dire avec vérité que
» le Corps de Notre Seigneur dans
» l'Eucharistie est le même qui est
» sorti de la Vierge, & que ce
» n'est pas le même. C'est le mê-
» me quant à l'essence & aux
pro-

» propriétés de la véritable nature,
» & ce n'eſt pas le même quant aux
» eſpéces du pain & du vin ; de ſorte
» qu'il eſt le même quant à la ſub-
» ſtance, & qu'il n'eſt pas le même
» quant à la forme".

Ce ſentiment de Lanfranc parut être celui de toute l'Egliſe. Bérenger fut condamné au Concile de Paris en 1050, condamné encore à Rome en 1079, & obligé de prononcer ſa retractation ; mais cette retractation forcée ne fit que graver plus avant ces ſentimens dans ſon cœur. Il mourut dans ſon opinion, qui ne fit alors ni ſchiſme ni guerre civile. Le temporel ſeul étoit le grand objet qui occupoit l'ambition des hommes. L'autre ſource qui devoit faire verſer tant de ſang, n'étoit pas encore ouverte.

On croit bien que l'ignorance de ces tems affermiſſoit les ſuperſtitions populaires. J'en rapporterai quelques exemples, qui ont long-

tems exercé la crédulité humaine.
On prétend que l'Empereur Otton
III. fit périr fa femme Marie d'Arragon pour caufe d'adultére. Il eft
très-poffible qu'un Prince cruel &
dévot , tel qu'on peint Otton III.
envoie au fupplice fa femme moins
débauchée que lui. Mais vingt Auteurs ont écrit , & Maimbourg a
répété après eux , & d'autres ont répété après Maimbourg , que l'Impératrice ayant fait des avances à un
jeune Comte Italien , qui les refufa
par vertu , elle accufa ce Comte auprès de l'Empereur de l'avoir voulu
féduire , & que le Comte fut puni
de mort. La veuve du Comte , dit-
on , vint la tête de fon mari à la
main demander juftice & prouver
fon innocence. Cette veuve demanda d'être admife à l'épreuve du
fer ardent. Elle tint tant qu'on voulut une barre de fer toute rouge
dans fes mains fans fe bruler ; & ce
prodige fervant de preuve juridi-
que , l'Impératrice fut condamnée

à

à être brulée vive.

Maimbourg auroit dû faire ré-
fléxion que cette fable eft rapportée par des Auteurs qui ont écrit
très-longtems après le régne d'Otton III. qu'on ne nomme pas feulement les noms de ce Comte Italien, & de cette veuve qui manioit
fi impunément des barres de fer
rouge. Enfin quand même des Auteurs contemporains auroient au-
tentiquement rendu compte d'un
tel événement, ils ne mériteroient
pas plus de croyance que les Sorciers qui dépofent en juftice qu'ils
ont affifté au Sabat.

L'avanture de la barre de fer
doit faire révoquer en doute le fuplice de l'Impératrice Marie d'Arragon rapporté dans tant de Dic-
tionnaires, d'Hiftoires, où dans
chaque page le menfonge eft joint
à la vérité.

Le fecond événement eft du même genre. On prétend que Henri II. fucceffeur d'Otton III. éprou-

va la fidélité de fa femme Cune-
gunde, en la faifant marcher pieds
nuds fur neuf focs de charrue rou-
gis au feu. Cette hiftoire rapportée
dans tant de Martirologes, mérite
la même réponfe que celle de la
femme d'Otton.

Didier Abbé du Mont Caffin &
plufieurs autres Ecrivains rapportent un fait à peu près femblable.
En 1063 des Moines de Florence,
mécontens de leur Evêque, allérent crier à la Ville & à la Campagne : » Notre Evêque eft un fimo-
» niaque & un fcélérat". Et ils
eurent, dit-on, la hardieffe de promettre qu'ils prouveroient cette accufation par l'épreuve du feu. On
prit donc jour pour cette cérémonie, & ce fut le mécredi de la premiére femaine du Carême. Deux
buchers furent dreffés, chacun de
dix pieds de long fur cinq de large,
féparés par un fentier d'un pied &
demi de l'argeur, rempli de bois
fec. Les deux buchers ayant été
al-

allumés & cet espace réduit en
charbons, un Moine Mineur, nommé Aldobrandin , passe à travers sur
ce sentier à pas graves & mesurés ,
& revient même prendre au milieu
des flammes son manipule qu'il a-
voit laissé tomber.   Voilà ce que
plusieurs Historiens disent , qu'on
ne peut nier qu'en renversant tous
les fondemens de l'Histoire ; mais
il est sûr qu'on ne peut le croire sans
renverser tous les fondemens de la
Raison.

Il se peut faire sans-doute qu'un
homme passe très-rapidement entre
deux buchers & même sur des charbons , sans être tout-à-fait brulé ;
mais y passer & y repasser d'un pas
grave pour reprendre son manipule , c'est une de ces avantures
de la *Légende Dorée* , dont il n'est
plus permis de parler à des hommes raisonnables.

La derniére épreuve que je rapporterai , est celle dont on se servit
pour décider en Espagne après la
O 3   prise

prife de Toléde, fi on devoit réciter l'Office Romain, ou celui
qu'on appelloit Mofarabique? On
convint d'abord unanimement de
terminer la querelle par le duël.
Deux champions armés de toutes
piéces combattirent dans toutes
les régles de la Chevalerie. Don
Ruis de Montania, Chevalier du
Miffel Mofarabique, fit perde les
arçons à fon adverfaire, & le ren-
verfa mourant. Mais la Reine qui
avoit beaucoup d'inclination pour
le Miffel Romain, voulut qu'on
tentât l'épreuve du feu. Toutes les
Loix de la Chevalerie s'y oppofoient. Cependant on jetta au
feu les deux Miffels, qui probablement furent brulés; & le Roi
pour ne mécontenter perfonne,
fit en forte que quelques Eglifes
prieroient Dieu felon le Rituel Romain, & que d'autres garderoient
le Mofarabique. Dans la plupart
des chofes que je viens de rap-
porter, on croiroit lire une rela-
tion

tion des Hottentots ou de Né-
gres ; & il faut l'avouer, nous
leur reſſemblons encore en quelque choſe.

Fin du premier Tome.